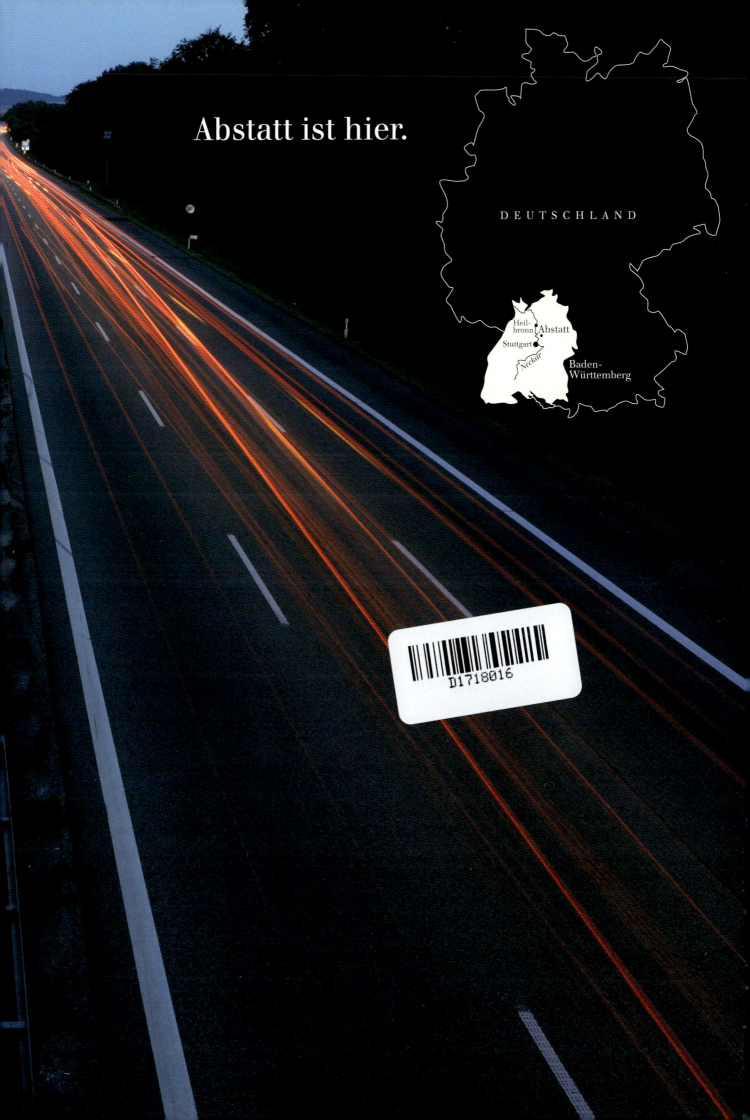

Text: Ulrike Maushake   Gestaltung: Götz Schwarzkopf   Fotos: Claudia Fy

Altstadt lebt

Inhalt

Interview	4
Nur mal angenommen ... I	6
ENTDECKUNGSREISE DURCH ABSTATT	8
FRÜHLING	10
SOMMER	16
Das Waltz'sche Haus	22
Nur mal angenommen ... II	28
NEUE ORTSMITTE	30
Nur mal angenommen ... III	34
Stephanuskirche	36
HERBST	48
WINTER	60

HAPPENBACH	68
Die Alte Schule	70
Spielplatz Kaudenwald	76
VOHENLOHE	80
BURG WILDECK	86
LEBEN IN ABSTATT	96
LANDWIRTSCHAFT UND WEINBAU	118
DER WEG ZUM BÜRGERPARK	134
Nur mal angenommen ... IV	148
NÄCHTLICHER ÜBERFALL DER ABSTATTER RÄLLINGE	154
RATHAUS, GEMEINDERAT, VERWALTUNG	166
Hochwasserschutz	174
Feuerwehr	178
GEWERBEBETRIEBE	182
ERÖFFNUNGSFEIER DES BÜRGERPARKS	200
Nach dem Fest	220
Impressum	222
Nur mal angenommen ... V	224

Herr Braun, was hat den Gemeinderat und den Bürgermeister veranlasst, in diesem Jahr einen Bildband über die Gemeinde herauszugeben?

Wir haben hier im Jahr 2000 mit der Ansiedlung von Bosch einen Paradigmenwechsel erlebt, eine „zweite industrielle Revolution". Seither hat sich die Gemeinde gewaltig verändert. Daher dieses Buch. Und daher dieser Titel. „Abstatt lebt". Wir wollen dokumentieren, wie sich die Gemeinde in diesen knapp zehn Jahren entwickelt hat.

Warum hat sich die Firma Robert Bosch, als sie sich nach einem Standort für das Forschungs- und Entwicklungszentrum umsah, für Abstatt entschieden?

Abstatt ist ein optimaler Standort. Nicht nur durch die Nähe zur Autobahn. Es liegt in einer Gegend, in der man sich unheimlich wohl fühlen kann. Wir haben Wälder, einen Naturpark, optimale Verkehrsverbindungen. Die Naherholung funktioniert. Das Vereinsleben ist lebendig. Eine finanziell gesunde Gemeinde – auch vor Bosch. Mit einem gesunden Wachstum, das die Integration von Neubürgern möglich macht. Das sind einige der Gründe, warum sich Bosch für Abstatt entschied.

Mit: „Raucht nicht, stinkt nicht, macht keinen Krach und bringt Arbeitsplätze" haben Sie sich vor knapp zehn Jahren für die Ansiedlung von Bosch in Abstatt eingesetzt. Erinnern Sie sich an die aufregenden Monate der offenen Entscheidung?

Das alles war durchaus mit einem persönlichen Risiko verbunden. Es hätte auch schief gehen können. Doch der Gemeinderat stand geschlossen hinter mir. Bosch eröffnete uns eine Chance. Und wenn man plötzlich eine Chance hat, denkt man auch über sie nach.

Wie sehen Sie die Situation der Gemeinde heute?

*Bei uns haben sich die Schwerpunkte verändert. Wir spielen nicht mehr in der Kreisliga. Wir bewegen uns im Bereich der Oberliga. Bosch macht vieles möglich, was sonst nicht möglich wäre. Wir haben Herausforderungen, die andere nicht haben. Wenn man eine Weltfirma vor Ort hat, verändert sich das Denken, verändern sich die Menschen. Für mich ist das positiv.
Ich kenne keine Gemeinde, die sich in den letzten Jahren so stark verändert hat, wie Abstatt. Hier ist viel passiert. Der Hochwasserschutz. Das neue Feuerwehrgebäude. Der Sportplatz. Die Musikschule. Normalerweise ist das ein Programm von 20, 30 Jahren. Wir haben uns von einem Bauerndorf zu einer modernen Wohngemeinde entwickelt mit einem beachtlichen Chancenpotential. Ein Flecken, wo die Pflichtaufgaben längst erfüllt sind. Der Bürgerpark ist dafür ein sichtbares Zeichen.*

Wie bewältigt diese relativ kleine Gemeinde ihre wachsenden Anforderungen und Aufgaben?

Interview mit Bürgermeister Rüdiger Braun:
„Wir haben einfach viel Glück gehabt."

Man braucht die richtigen Leute, zur richtigen Zeit, am richtigen Ort. Die haben wir. Eine tolle Mannschaft, die geschlossen mitzieht. Aufgeschlossen, ziel- und ergebnisorientiert. Im Gemeinderat genauso, wie in der Verwaltung.
Das Haushaltsvolumen hat sich mehr als verdoppelt, aber die Personenbesetzung ist die gleiche.

Herr Braun, seit genau 20 Jahren sind Sie nun Abstatts Bürgermeister. Was sind ihre prägenden Erfahrungen?

Ich habe gelernt, dass man irgendwann Verantwortung übernehmen muss, zu agieren und nicht zu reagieren. Immer mit dem Kopf durch die Wand? Geht nicht! Ohne anzuecken? Geht nicht! Ich habe erfahren, dass mir Vertrauen entgegengebracht wurde, auch in schwierigen Zeiten. Und ich weiß, warum der Schultes Schultes heißt: Er hat an allem Schuld. Manchmal würde ich mir wünschen, dass auch der BM Mensch sein darf. Manchmal würde ich gerne auch mal aus der Haut fahren dürfen.

Wie sehen Sie sich selber in Ihrer Aufgabe als BM? Was ist Ihr besonderes Anliegen?

Das Bewahren, das Ausbauen, das Verwalten, das wird uns eingetrichtert. Aber als Verwalter allein habe ich mich nie gesehen. Ein stückweit als Motor. Als Ideengeber.

Und was würden Sie sich wünschen?

Ich wünsche mir ein stückweit mehr Identifikation des Bürgers mit seiner Gemeinde. Und mehr Zeit. Zeit haben ist schwieriger geworden. Zeit, um über Entwicklungen nachdenken zu können, was Neues auszuprobieren.

Was würden Sie privat am liebsten tun, mit ein bisschen mehr Zeit?

Mein Traum ist eine kleine Insel im See Hornavattn am nördlichen Polarkreis. Nordschweden. Dort möchte ich sein. Im Wohnmobil. Mit meiner Familie. Mit einem guten Freund. Angeln. Motorradfahren.

Motorradfahren?

Easy Rider beeindruckt mich noch heute. Die Freiheit, das Ausbrechen. Das ist meine Generation. Die Generation, deren Gewissen vom Vietnamkrieg geformt wurde.

Herr Braun, vielen Dank für das Gespräch.

Nur mal angenommen ...

... da ist einer, der hat lange in Abstatt gelebt, und dann zog er weg. Niemand hat das damals verstanden. Lange ist er nicht mehr hier gewesen, sagen wir mal zehn, zwölf Jahre, und nun folgt er einem plötzlichen Impuls und stattet seiner alten Heimat einen Besuch ab.
Na, der würde sich aber wundern! „Nanu", würde er sich fragen. „Abstatt???"

Bereits auf der Autobahn wäre so einer doch schwer irritiert. „Ausfahrt Untergruppenbach? Moooment ..." Dann würde er feststellen, dass das die bequemste Ausfahrt ist, die er je nahm. Und er hat wahrlich schon viele genommen! Ohne übermäßig abbremsen zu müssen, mit nur einer Lenkradstellung fährt er ihren Bogen erstaunt und wunderbar sauber aus und lässt sich, in einem neuen sauberen Bogen in das Dorf leiten, in dem er seine Kindheit verbrachte. Heimkehrern kommt ja alles plötzlich viel kleiner vor. Das weiß er. Darauf hat er sich eingestellt. Dass man aber auch das Gegenteil erleben kann, darauf war er nicht gefasst.

Hoppla, ein Kreisel. Na, so was. Noch bevor er sich fragen kann, ob der damals auch schon da war, und was das da eigentlich für ein großer, lang gestreckter Bau gegenüber der Wildeck ist – Bosch? Kann doch nicht sein? – und noch bevor er in der Lage ist, einen Zusammenhang herzustellen, zwischen einer funkelnagelneuen Autobahnausfahrt und einem Weltkonzern, da steckt er bereits im nächsten Kreisel, den er auch noch nicht kennt.
Oder nicht mehr?

Schwindlig ist ihm geworden, nicht nur wegen der Kreisel. Er sucht die Ortsmitte. Da, das muss sie sein. Er erkennt sie sicher am Waltz'schen Haus. Aber wieso steht das noch? Das sollte doch längst ...? Und überhaupt – wo ist das Rathaus? Das war doch immer ...? Ach, das ist das Rathaus?
Direkt nebenan, ein rettendes Café. Auch das superneu, superschick. Aber das wundert unseren Mann schon lange nicht mehr. Auch nicht, dass er hier den besten Cappuccino bekommt, den er je trank – und er hat wahrlich schon viele getrunken. Benommen und desorientiert hockt er in einem höchstmodernen Ledersessel, beschäftigt mit einer einzigen Frage, die ihm langsam zur quälenden Gewissheit wird: Damals, als er Abstatt verließ, da hat er den größten Fehler seines Lebens begangen!

ENTDECKUNGSREISE DURCH ABSTATT.

Heinz Koch auf seiner BMW R75-WH, Baujahr 1942.

Frühling
ENTDECKUNGSREISE DURCH ABSTATT.

Eine geschützte Tallage, Weinberge, Streuobstwiesen, viel Wald und die idyllischen Ortsteile Happenbach, Vohenlohe und Burg Wildeck. Eine langgestreckte Talaue und die malerischen kleinen Flüsschen Schozach und Happenbach. Nicht nur im Frühling ist Abstatt eine Oase.

Frühling ist …

… wenn die Kastanien ihre roten Kerzen aufstecken. Wenn sich die Landschaft gelbe Rapslaken aufspannt. Und wenn sich vom Himmel weiße Wolken in die Gärten herabsenken, um für eine zarte Weile als Blütentraum an einem Apfelbaum haften zu bleiben.

Juniblicke in Abstatter Gärten.

Sommer
ENTDECKUNGSREISE DURCH ABSTATT.

Eine geordnete, leuchtende Landschaft, in die sich unauffällig das Sondergebiet Hohbuch mit dem Forschungs- und Entwicklungszentrum der Weltfirma Bosch einbettet. Industrie und Landwirtschaft, Gewerbe, Natur und Mensch können sich hier gleichermaßen entfalten und erhalten.

Entlang der Abstatter Rathausstraße.

Löwenzeit und Sommermähnen. Und ein Spaziergang mit einem guten Freund.

(Tina Häberle und Odinn.)

Das Waltz'sche Haus.

An die Vergangenheit des Waltz'schen Hauses erinnert noch das Wirtshausschild in Form des Waldhorns, das der ehemaligen Gaststätte den Namen gegeben hatte. Ein Klavier soll hier einst gestanden haben, das von einem Wirt bedient wurde, der über ein recht begrenztes Repertoire verfügt haben soll: einen einzigen Walzer. Diesen allerdings, heißt es, habe er stundenlang gespielt. Es spricht doch sehr für die Langmut und den Humor der Abstatter, dass sie ihren Waldhornwirt nicht irgendwann und kurzerhand lynchten. Aber vielleicht hat die Erinnerung an die musikalische Tortur dazu geführt, dass man beschloss, sich vom Waltz'schen Haus zu trennen? Der Abbruch des Gebäudes, das ins Eigentum der Gemeinde gelangt war, war bereits entschieden. Aber lange zögerte man, zur Tat zu schreiten. Es war einfach schade um das alte Haus. In dieses Zögern hinein meldete ein Professor aus Stuttgart sein Interesse an diesem Gebäude an. Er kaufte es in den 90er Jahren, ließ es für viele Millionen sanieren und erhielt auf diese Weise den Abstattern den markanten Blickfang im Ortskern. Und damit auch die vielen Geschichten, die mit ihm verknüpft sind. Die vom Waltz und seinem Walzer zum Beispiel.

„Die spinnen, die Weiber", habe es geheißen, erzählt Ingrid Koch, als sie mit ihrer Freundin Gabriele Schneider die obere Etage des sanierten Hauses anmietete und einen Laden einrichtete. Hier verkauft sie nun Herzen und Kerzen, Kitsch und Kunst, Bücher und – nein, keine Tücher. Aber Schreibwaren, Zeitschriften, Geschenke. „Papeteria" heißt das hübsche Geschäft, das sich im Zeitalter des großen Sterbens kleiner Läden tapfer behauptet und Abstatt mit seinem Angebot bereichert.

Im Erdgeschoss befindet sich das „La Grappa", seit 2002 von Ugur Dogan bewirtschaftet. Die Hofterrasse ist eine von Abstatts Oasen. Kastanien, Buchen, Haselnusssträucher und Akazien schirmen die Besucher vom Straßenlärm ab, spannen ein Laubdach über den gepflasterten Hof, der bei schönem Wetter eine ideale Möglichkeit zur Einkehr bietet.
„Ich habe jahrelang gekämpft, um den Betrieb zu halten", sagt Ugur Dogan. Nur um nicht wieder aus Abstatt wegzumüssen. Denn hier fühlt er sich so wohl wie noch nirgends. „Wenn man vor die Tür tritt, grüßt einen jeder, immer kann man ein paar Worte wechseln. Es ist ein freundliches Miteinander."
Ugur Dogan hat es geschafft. Seine Familie hat ihm dabei geholfen. Und auch Professor Meyer aus Stuttgart. Fisch ist die Spezialität des Hauses. Doch hauptsächlich wird in dem Restaurant mit türkischer und italienischer Küche Pizza und Pasta serviert. Die Kellner sind ausnehmend freundlich. „Ich arbeite gerne mit jungen Leuten", sagt Ugur Dogan. „Aber ich bin ein harter Chef." Seine Leute müssen sich auch außerhalb ihrer Dienstzeiten tadellos benehmen. Er hält viel auf den guten Ruf. Aber er braucht nicht um ihn zu fürchten: Niemand hier spielt Klavier.

„Ich bin im ganzen Flecken immer nur ‚der Gotthilf' g'wä.

1928 wurde Gotthilf Lang geboren und seine Erinnerungen reichen weit zurück, bis in die Zeit, als Abstatt „bloß ein Bauerndorf" war. Vieles, womit sich die Gemeinde seit Kriegsende beschäftigte, was sie veränderte, hat er mitgestaltet, mitentschieden und mitverantwortet, hat viele der Anstrengungen Abstatts mitgetragen, im Kleinen wie im Großen.

1946 hat er seinen Dienst als Gemeindediener, als „Mädchen für alles" angetreten, den er bis 1992 versah und zwar so pflichtbewusst und einsatzfreudig, dass seine Frau mehr als einmal und so vorsichtig wie irritiert nachfragte: „Bist du eigentlich mit der Gemeinde verheiratet oder mit mir?"
Amtsbote, Waagmeister, Messgehilfe, Leiter des Bauhofs: Irgendwann hat Gotthilf Lang seine vielen Aufgaben mal gezählt, die unter dem Oberbegriff „Gemeindediener" subsumiert wurden, und da ist er auf 14 Berufe gekommen. Wasserrohre hat er verlegt und ist im Wengert mit der Rätsche unterwegs gewesen. Er hat den Wasserzins eingezogen und ist, mit der Glocke in der Hand, durch die Straßen gewandert und hat Bekanntmachungen verlesen. Er war Fronmeister. Er war Totengräber.

Er war aber auch 20 Jahre lang Mitglied des Kirchengemeinderats und hat zudem das Amt des Kirchenpflegers ausgeübt. Er war Gemeinderat und er war Aufsichtsrat bei der Volksbank. Ohne dass die Liste damit vollständig wäre, sei noch erwähnt, dass er natürlich auch einen Wengert bewirtschaftete und 1951 den Obst- und Gartenbauverein mitbegründete.
So stellt sich eigentlich nicht die Frage: „Was hat er denn so alles gemacht, der Gotthilf Lang?" Die Frage ist, ob es wohl etwas gibt, was er nicht gemacht hat?
Und ob er sich nicht manchmal ausgenutzt fühlte? „Nein", sagt er, „ich hab's gern gemacht!"

„Für landwirtschaftlichen Verkehr freigegeben."

Nur mal angenommen ...

... unser Mann schlendert ein bisschen durch Abstatts Straßen. Absichtslos. Er hält das für eine gute Art und Weise, sich zu bewegen, dieses: „Suchet nicht, so werdet ihr finden." Bei einem alten Mercedesbus bleibt er stehen. Einer, der Rost angesetzt hat und seine Reifen sind ziemlich platt. Einer, der seine Menschen viele Jahre lang in ferne Länder hinein getragen hat und auch wieder zurück und der jetzt, am Ende seines Weges angelangt, sein Gnadenbrot bekommt. Nun erzählt der alte Mercedes dem Gebüsch, das ihn umarmt und umgarnt, von seinen Reisen. Zum Beispiel ist er mal im Wüstensand der Sahara stecken geblieben. Da hat ihn eine Berberfamilie aus der Düne befreit, mit fünf Kamelen.

Mal angenommen, ein kleines Mädchen kommt des Wegs. Das hat lange, braune Haare und führt seinen Schatten spazieren. Der Schatten ist sehr klein und hat etwa die Form eines Schutzengels. Er geht barfuß und das Kind auch. Da fällt unserem Mann ein Gedicht ein, das davon handelt, dass man über die Erde barfuß gehen soll. Schuhe, heißt es da, würden blind machen. Und dass man mit den Zehen den Weg sehen könne. Und das Wasser auch und auch den Wind.

Früher, als unser Mann selber in Abstatt Kind war, ist er auch viel barfuß gegangen. Er erinnert sich an warmen Asphalt unter nackten Fußsohlen. An die grobe Körnigkeit des Straßenbelags. Und wie weich der Asphalt war, an so richtig heißen Tagen. Auf eine ganz andere Weise weich, als der lose Sand der Feldwege. Anders weich auch, als das Wasser der Schozach mit ihren runden Steinen. Und wie es war, barfuß, nach einem Regenguss. Da ist er einmal auf eine Weinbergschnecke getreten.

Fußsohlen speichern Erinnerungen, denkt unser Mann. Nicht nur über die Erde sollte man barfuß gehen. Auf nackten Fußsohlen lässt es sich ganz famos auch in seinen Erinnerungen herumspazieren.

Der alte Mercedesbus und das Kind. So ist das immer, denkt unser Mann. Und es ist immer gleichzeitig. Immer gibt es etwas, was am Ende seiner Reise angekommen ist. Und immer gibt es etwas, was in seine Zukunft hineinmarschiert. Barfuß, sicher, geschützt und sich seiner Sinne und Möglichkeiten bewusst. So fühlt sich der Morgen an, wenn es ein guter Morgen ist. Immer bricht etwas auf, lässt Vergangenes zurück und einen Kofferraum voll Erinnerungen. Ankommen. Weitergehen. Beides hat seine Berechtigung. Beides hat seine Qualität. Beides hat seine Poesie. In gewisser Weise ist das mit Abstatt doch irgendwie auch so, denkt unser Mann und streift sich seine Schuhe ab.

NEUE ORTSMITTE

"In den vergangenen Jahren ist hier so viel passiert."
(Tim Breitenöder, Bauamtsleiter)

Als man am 14. Juli 1995 den Grundstein für die Erweiterung und den Umbau des Rathauses legte, unter anderem deshalb weil, so Landrat Cernuszka, „die Mitarbeiter des Rathauses schon lange nicht mehr artgerecht gehalten wurden", hat sicher niemand, weder in Abstatt und seinen Teilorten, noch im Landkreis Heilbronn geahnt, mit welcher rasanten Geschwindigkeit sich in den folgenden Jahren die Ortsmitte – und nicht nur diese, weiterhin verändern würde.

Die Grundsteinlegung für den Rathausanbau markiert den Beginn einer umfassenden Ortsveränderung, die zwar nicht abgeschlossen ist, deren bisheriger Höhepunkt jedoch die Einweihung des Bürgerparks Abstatt im Juli 2008, darstellt.

Wenn man sich vor Augen hält, was tatsächlich in dieser Zeit alles passiert ist, wird einem bewusst, was für immense Anstrengungen Gemeinderat, Bürgermeister, Bauamtsleiter, Kämmerer und auch der Bauhof in diesen 13 Jahren bewältigt haben.

Einige Stationen der Umgestaltung: die Erschließung des Baugebiets Hohbuch für das Forschungs- und Entwicklungszentrum der Robert Bosch GmbH, die Anlage eines neuen Sportplatzes und eines Kunstrasenplatzes, die Sanierung der Wildeckhalle, der Umbau der ehemaligen Möbelfabrik Gscheidle zum Vereinszentrum, die komplette Sanierung der Beilsteiner Straße und der Schozachstraße, des Mühlhofs und des Baumannshofs. Kreisverkehre wurden angelegt, eine Autobahnanschlussstelle erweitert. Ein neues Feuerwehrhaus wurde errichtet, zwei Hochwasserschutzanlagen angelegt und mehrere Baugebiete erschlossen, wie zum Beispiel Roßschinder und Wehräcker. Und schließlich, als bisheriger, krönender Abschluss: die Anlage des Bürgerparks Abstatt.

Wie Peanuts kommen einem da zum Beispiel eine Fassadensanierung der Grundschule oder der Wiederaufbau der Weinbergschutzhütte „Rote Steige" vor. Oder der Bau eines Regenwasserüberlaufbeckens. Die Sanierungen von Schachtdeckeln, Treppen, oder die Anbringung eines Blitzschutzes am Vereinszentrum: notwendige Maßnahmen zum Erhalt der Substanz, die nebenbei auch noch beschlossen und veranlasst wurden.

Man wird ganz stumm, wenn man sich klar macht, mit welchen Summen dabei umgegangen wurde und wenn man in den Amtsblättern nachliest, dass zum Beispiel in den Jahren 2001 oder 2007 knapp vier Fünftel des Vermögenshaushaltes für Bauvorhaben eingesetzt wurden. Man kann sich lebhaft vorstellen, wie viele Sondersitzungen im Gemeinderat und in seinen Ausschüssen anberaumt wurden. Und dass den Verantwortlichen wahrscheinlich manche schlaflose Nacht beschieden war, angesichts der Verantwortung, die sie mit ihren Beschlüssen immer wieder übernommen haben.

"Wir bauen und investieren nur dann, wenn wir die Mittel haben."

(Abstatter Gemeinderat)

Nur mal angenommen …

… unser Heimkehrer bekommt zufällig die Ortsnachrichten der Gemeinde Abstatt in die Hände. „Abstatt im Schozachtal, aktuell." Angenommen, es ist der Rückblick auf das Jahr 2007. Und angenommen, er liest sie in der Gemeinschaftspraxis am Place de Léhon, weil er dringend mal überprüfen lassen muss, ob er seit seiner Rückkehr nach Abstatt unter Wahnvorstellungen leidet, oder ob das eigentlich alles real ist, was er hier sieht. Na, dieses schnuckelige Feuerwehrhaus, die Kreisel und all das. Diese Ortsmitte, die einer Großstadt alle Ehre machen würde und wo er sich stets verirrt, obgleich er im Orientierungslauf schon mal Landesmeister war. Tja, und dann dieser Bürgerpark. Wenn er ganz ehrlich zu sich selbst ist, und er ist wahrhaftig einer, der sich als Tatsache ins Gesicht schaut, dann muss er feststellen, dass ihm genau dieser Bürgerpark am meisten Kummer macht. Der Bürgerpark ist der Ort seiner ganz persönlichen Niederlage. Da hat er nämlich, an einem regnerischen, windigen Abend, als er ganz alleine dort war, in der Schozach einen Damm aus Holzstöckchen gebaut und sich vorgestellt, er wäre ein Biber. Ein kanadischer Biber. Mit abgeplattetem Schwanz, kräftigen

FiZ – das heißt Familie im Zentrum. Einerseits, weil es im Zentrum Abstatts liegt, andererseits, weil die Familie im Mittelpunkt der Angebote steht. Die Beratungsstelle für Familie und Jugend, die VHS Unterland, die Initiative Bürger für Bürger und das Netzwerk Rat für Frauen – alles unter einem Dach.

Nagezähnen, dichtem Fell und Schwimmhäuten zwischen den Zehen. Irgendwann, es war der Moment als er dem kleinen Ginkgobaum zu Leibe rücken wollte und sich dabei einen Splitter in den Gaumenbogen rammte, hat er dann gemerkt, dass es ihn doch weit davon getragen hatte. Und dass er kein Biber ist, sondern ein armer, verwirrter Mensch, der die Rückkehr in sein Heimatdorf nicht verkraftet, weil hier alles so anders geworden ist.

Deshalb sitzt er jetzt in der Gemeinschaftspraxis am Place de Léhon und vertreibt sich die Zeit im Wartezimmer, indem er im Rückblick auf das Jahr 2007 blättert. Wieder kann er sich ein arrogantes Lächeln nicht verkneifen. „Abstatt aktuell. Hahaha", denkt er sich. Er weiß es halt immer noch nicht besser. Das Lächeln gefriert ihm dann

auch schnell auf seinen Lippen. Als er nämlich liest, mit was für einem Haushaltsvolumen diese kleine Gemeinde jongliert. Über 20 Millionen. Da staunt er. Und zwar nicht schlecht. Und dass man, trotz der Baumaßnahmen, keine Kredite abzuzahlen hat, sondern lediglich die allgemeinen Rücklagen ein wenig anzugreifen gedenkt. Und nicht nur, dass dieser kleine Ort die Zwokommazwo Millionen, die er für den Bau des Bürgerparks im Jahr 2008 noch zu zahlen hat, durchaus auf der hohen Kante hat, nein, er ist offenbar in der Lage, noch weitere Planungen ins Auge zu fassen. „Das ist wohl", denkt sich unser Mann, „was Bürgermeister Braun unter einer finanziell gesunden Gemeinde versteht?"

Still legt er den Jahresrückblick zur Seite und schleicht sich aus dem Wartezimmer. Er weiß jetzt, dass er nicht träumt. Und dass er nicht spinnt.

Die Schozachstraße. Eine von vielen, die in den vergangenen Jahren saniert wurde.

Drei Neubaugebiete wurden in den vergangenen Jahren erschlossen, zum Beispiel das Baugebiet Roßschinder.

„Unsere Gehwege sind gepflastert und nicht geteert. Den Standard vertreten wir. Und wenn wir finden, da müssen Bäume hin, dann setzen wir sie."

(Abstatter Gemeinderat)

Der neue Sportplatz in den Kirschenwiesen ersetzt den alten in der Ortsmitte. Damit wurde der Weg für den Bau des Bürgerparks frei.

Angefangen hat es als Café, in dem Fasswein ausgeschenkt und Kaffee und Kuchen angeboten wurde. Und bis zu ihrem 90. Geburtstag hat sich Anna Hiller noch im Betrieb eingeschaltet, den sie 1961 mit ihrem Mann Paul gegründet hat. 1979 wurde er von der nächsten Generation übernommen, von Friedrich und Edith Walter. Und diese teilen sich das Geschäft inzwischen mit Tochter und Schwiegersohn: Ralph und Melanie Vogelmann sind komplett für die Küche verantwortlich. Mehrfach wurde der Betrieb seit seiner Gründung umgebaut und erweitert, längst hat sich das Café

zu einem gut ausgelasteten Hotelbetrieb entwickelt. Täglich wechselnder Mittagstisch zu moderaten Preisen, Catering-Service, ein umfangreiches Frühstücksbuffet, ein splendide ausgestatteter Wellness-Bereich. Die Gäste im Hause Hiller sind zum großen Teil Stammgäste mit langjähriger Bindung. Sie genießen die familiäre, gemütliche Atmosphäre des Hotels. „Wir sind zufrieden", sagt Edith Walter. Der Bau des Bürgerparks war anstrengend, nicht nur der üppige Blumenschmuck von Edith Walter litt unter Staub- und Lärmentwicklung. Doch jetzt profitiert der Gasthof von der Lage in unmittelbarer Bürgerparknähe. Die Familie hat zudem die Bewirtung des Pavillons im Park übernommen.

Hotel Gasthof Hiller.

Eine Gemeinde ist so gut wie ihre Mitglieder.

Seit 20 Jahren gibt es in der evangelischen Kirchengemeinde einen eigenen, ständigen Pfarrer. Derzeit ist das Ralph Hermann. Im September 2000 hat er die Gemeinde übernommen, mit derzeit etwa 1730 evangelischen Christen, einem Kirchengemeinderat von elf Personen, einer Kirchenpflegerin und einer Sekretärin.

Eine Kirchengemeinde, die in eine kuriose Verwaltungsstruktur eingebettet ist. Die kommunalen Grenzen der Gemeinde Abstatt und seiner Teilorte verlaufen ganz anders als die kirchlichen. Abstatt ist ein entlegener Zipfel des Dekanats Marbach. Der Ortsteil Vohenlohe gehört zur Kirchengemeinde Unterheinriet und damit zum Dekanat Weinsberg, Happenbach hingegen gehört zur Kirchengemeinde Untergruppenbach und damit zum Dekanat Heilbronn. Die evangelischen Christen in den einzelnen Teilorten haben jeweils eine andere kirchliche Mitte.

Seit seinem Dienstantritt hat Pfarrer Hermann bereits einiges geschultert.
Die Stephanuskirche war zwar innen renoviert worden, der Zustand der Außenfassade aber war bedenklich. Simssteine hatten sich gelockert, Risse hatten sich gebildet, der Putz war in einem katastrophalen Zustand. In Eigenleistung haben Gemeindemitglieder den Putz abgeschlagen. Das Dach wurde abgestützt, um die Simssteine zu entlasten, die Dachziegel wurden gesichert und, weil man nun schon mal dabei war, wurde auch die Treppe gerichtet. „In Abstatt sind die Leute eher sparsam", sagt Ralph Hermann. „Aber als es um die Renovierung der Kirche ging, haben sie sich sehr großzügig gezeigt."

Eine weitere Baumaßnahme fällt in seine bisherige Dienstzeit.
Das Gemeindehaus entspricht nicht mehr den aktuellen Bedürfnissen. Der große Saal ist zu klein und es fehlen weitere Gruppenräume für die expandierende Jugendarbeit. Daher wird über einen Umbau des Gemeindehauses nachgedacht.
Die Wohnung im Gemeindehaus war auf Dauer der Pfarrfamilie nicht zuzumuten. Die offene Bauweise des Hauses bot keine ausreichende Rückzugsmöglichkeit, keinen Schutz der Privatsphäre. Der Weg zum neuen Pfarrhaus war lang und schwierig, doch im Dezember 2007 konnte Pfarrer Hermann mit seiner Familie das neue Haus im Radäckerweg 13 beziehen, in dem auch das Pfarrbüro untergebracht ist.

Wichtiger aber als die äußerlichen Veränderungen, sind dem Pfarrer das Leben und die Entwicklungen innerhalb seiner Gemeinde, die er als eine sehr lebendige Gemeinschaft erlebt, mit viel Potential, Bewegung und Leben. „Viel davon wird vom CVJM gestaltet", sagt er. Eine Gemeinde mit zahlreichen Haus-, Bibel- und Gebetskreisen, mit Frauenkreis und Frauenfrühstück, Kinderkirche und den zahlreichen Kinder- und Jugendgruppen des CVJM. Es gibt eine Band, einen Posaunenchor, auch ein neuer Chor hat sich gebildet. Und eine Gemeinde, die gerne reist, nach Israel zum Beispiel, oder in die Ukraine. Es gibt auch eine kleine Gemeinschaft, die sich noch immer zur altpietistischen Gemeinschaftsstunde zusammenfindet.

„Es hat sich eine sehr vertrauensvolle Atmosphäre gebildet", sagt Ralph Hermann. „Eine gute Gesprächskultur. Verständnis. Ein gutes Miteinander."

Die Stephanuskirche.

Herbst
ENTDECKUNGSREISE DURCH ABSTATT.

Kein Störfaktor, sondern Teil der Landschaft: Das Bosch Entwicklungszentrum fügt sich perfekt in seine Umgebung ein. 120 000 Stauden, 1200 Bäume und 1000 Fliederbüsche wurden auf dem Areal gepflanzt. Einheimische Gewächse, wie Stieleichen und Dorn-, Schlehen- und Rosengehölze. Hunderttausende von Narzissen blühen im Frühjahr vor dem Gebäudekomplex und auf dem begrünten Dach fühlt man sich wie auf dem schottischen Hochmoor. Nicht nur die Mitarbeiter genießen die Naturnähe. Insekten, Vögel und viele Kleintiere haben die Ökonische längst entdeckt und bevölkert. Im vorbildlichen Umgang mit der Natur gestaltet der Konzern seinen Standort als Biotop.

Ein Blick in die Backstube der Familie Jürgens. Bäckermeister Zoltan Versegi arbeitet in dem Betrieb seit mehr als 20 Jahren. Hier formt er mit Margit Hoffmann (Mitte) und Yvonne Schreiber Brezeln: Vieles, was andernorts maschinell gefertigt wird, ist in diesem Ausbildungs- und Traditionsbetrieb noch gute, alte Handarbeit.

Im milden Herbstlicht träumt die Rathausstraße von früher. Da war sie die einzige asphaltierte Straße in Abstatt.

Segnungsfeier bei der Familie Klenk in der Rathausstraße.

„Einen schönen, guten Morgen im Hotel Sperber."

„Wir sind jung. Wir geben Gas": Als Jürgen Sperber und seine Frau Sabine Sperber-Dornfeld das Hotel Sperber bauten, im Jahre 2001, waren sie erst 23, beziehungsweise 24 Jahre alt. Jürgen Sperber hatte zu der Zeit bereits eine erstklassige Ausbildung absolviert: Paris und Zürich sind Stationen seines Werdegangs, Meisterköche, die Lehrer, bei denen er sich ausbilden ließ. Er besuchte auch das Culinary Institut of America; es heißt, das sei die beste Kochschule der Welt.

Der richtige Einsatz von Farben und ein gut durchdachtes Lichtkonzept: Im Hotel Sperber wohnt der gute Geschmack.

Sperber sind adlige Vögel und Adel verpflichtet. Das Hotel Sperber hat vier Sterne. „First class". Ein Business-Hotel mit Tagungsräumen, 36 Zimmern, zwei Suiten und einer Juniorsuite und gut geschultem Personal. Das Publikum ist international. Die Gäste kommen aus Japan, aus Hamburg, aus den Vereinigten Staaten. Sie tragen wichtige Aktentaschen und sprechen perfektes Englisch.

Ein Hotel und ein Gastronomen-Ehepaar mit Stil. Sie lieben das Gradlinige, das Puristische. Elegantes Schwarz, rotes Feuer, mildes Weiß bestimmen das großzügige Foyer. Dezente Gemütlichkeit umfängt den Gast in der Wirtsstube, Haute Cuisine regiert das Feinschmecker-Restaurant.

Wer hier tagt, speist, übernachtet, wird sich gerne an Abstatt erinnern.

Aus der Ahnenreihe von Sabine Sperber-Dornfeld stammt Immanuel Dornfeld, geistiger Vater und hauptsächlicher Initiator der Weinsberger Weinbauschule. Ihm zu Ehren wurde die Neuzüchtung, die aus der Heroldsrebe und dem Helfensteiner gekreuzt wurde, Dornfelder genannt. Das Anbaugebiet, wo diese Kreuzung getestet wurde, befindet sich in ihrer Sichtweite.

In der Mitte fließt ein Bach.

Ein Spaziergang entlang der Schozach. Der kleine Fluss, der in der Dautenklinge am Westrand der Löwensteiner Berge entspringt und bei Sontheim in den Neckar mündet, wurde auf Abstatter Gemarkung nie begradigt, nie kanalisiert.

Früh hat die Gemeinde begonnen, die Flächen beidseitig des Bachverlaufs aufzukaufen. So entstanden ein natürlicher Hochwasserschutz, ein wertvolles, artenreiches Biotop und ein abwechslungsreiches, idyllisches Naherholungsgebiet.

Septembermorgen.

Ungespritzte Erntezeit. Paul Gscheidle und Körbe voll Golden Delicious und Elstar.

Große Freiheit Abstatt.

Winter

ENTDECKUNGSREISE DURCH ABSTATT.

„Es ist für uns eine
Zeit angekommen …

... die bringt uns eine große Freud."

„Es schlafen Bächlein und Seen unterm Eise…"

„Durch den Schnee, der leise fällt, wandern wir durch die weite, weiße Welt."

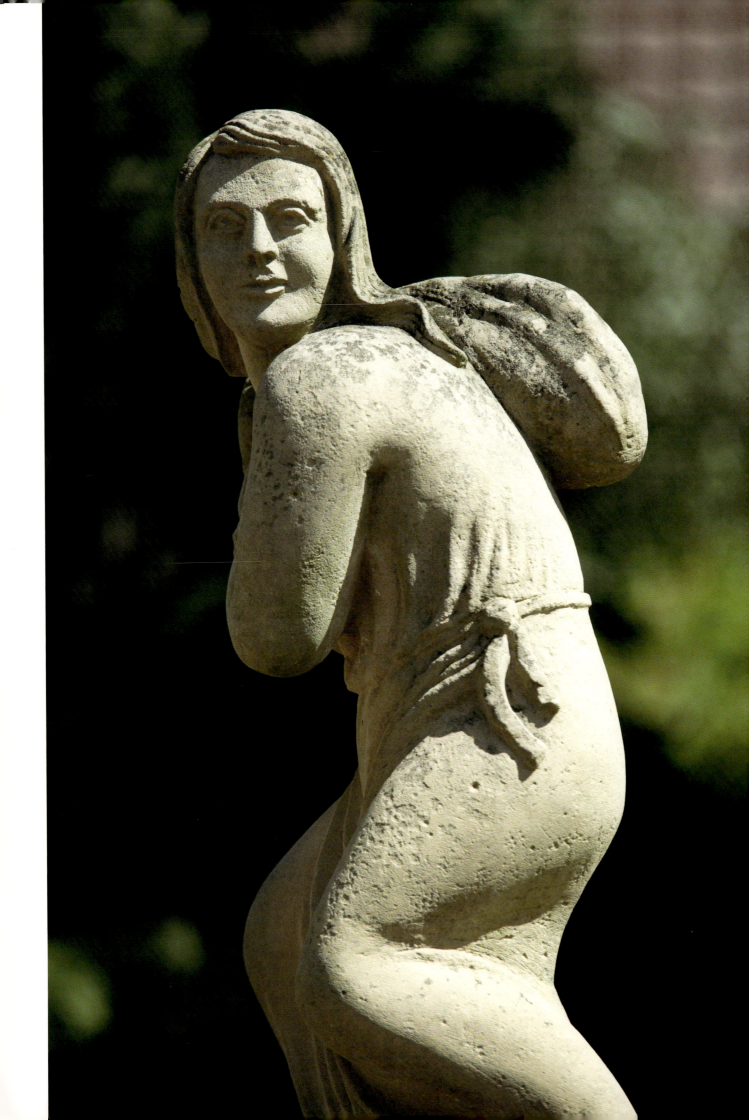

Der Happenbacher Dorfbrunnen.

HAPPENBACH
„*... dein denk ich unverwandt.*"

Happenbach hat es in sich. Ein Dorf mit einer ganz eigenen Geschichte und Entwicklung, deren Besonderheiten merklich in die Jetztzeit hineinreichen. Schnell vermitteln sich diese auch einem ortsfremden Besucher, trotz der Ruhe, die ihn hier umfängt, trotz der Pferde, Rosen und Erdbeeren, der Stangenbohnen und Rotschwänzchen, trotz des Wiesenwegs am Wasserlauf zwischen verträumten Gärten, trotz der bunten Bänder, die am Maibaum flattern. Inmitten der dörflichen Idylle spürt man deutlich: Hier wohnt ein wacher Geist.

Sie sollen ja immer schon ein rauer Schlag gewesen sein, die Happenbacher. „Die Markung ist klein", schreibt Eugen Härle in der Abstatter Chronik. Die Äcker und die wenigen Weinberge seien nicht die besten. Man sei auf einen Nebenverdienst angewiesen gewesen. Der hat unter anderem darin bestanden, dass die Happenbacher als Steinbrecher tätig wurden, als Korbflechter, als Arbeiter. Offenbar auch als Diebe? Einmal sollen sie der Magd des Pfarrers aus Untergruppenbach einen Sack voller Eicheln geklaut haben. Diese Magd wurde als Brunnenfigur verewigt. Auf dem Dorfplatz steht sie, mit einem so listigen Lächeln im steinernen Gesicht, dass man sich fragt, ob sie den Sack nicht vielleicht selbst veruntreut und zu Geld gemacht hat?

Die Dreieinigkeit eines Ensembles winziger Gebäude, Milchhaus, Backhaus, Spritzenhaus, erinnert an frühere Zeiten, die keinesfalls einfach waren. „Happenbach war eine der ärmsten Gemeinden Württembergs. Die Armut hat die Menschen gezwungen, fort zu gehen. Mit neuen Gedanken sind sie zurück gekommen", sagt Martin Schönfeld. Jahrelang war er Mitglied im Gemeinderat und ist, mit seiner kritischen und manchem auch unbequemen Haltung, das beste Beispiel für die Grundeinstellung Happenbachs: „Ein Ort, dessen Bewohnern es nicht an Selbstbewusstsein mangelt, mit einer gewissen Grundskepsis gegenüber der Obrigkeit."

Bürgerhaus „Alte Schule".

Die alte Schule.

Viele Generationen der Happenbacher erhielten ihre Bildung in einem Gebäude, das heute „Alte Schule" heißt, inzwischen als Bürgerhaus fungiert und eines der auffälligsten Häuser des Ortes ist. Von 1867 bis 1965 wurde hier unterrichtet und gelernt. Einklassig und offenbar auch erstklassig, denn: „Schüler dieser für heutige Verhältnisse „rückständigen Schule" haben es vom Erfinder und Ingenieur, Geschäftsführer, Pfarrer, Oberbürgermeister bis zum Professor gebracht", sagt Martin Schönfeld.

Viel Weiß, viel Grau, viel Holz. Und ein Saal mit großer Fensterfront, der an die alte Schule angebaut wurde. Der Umbau und die Erweiterung des Schulhauses in ein Bürgerhaus sind überaus gelungen. Das Ergebnis erinnert ein bisschen an den letzten Urlaub in Schweden. Unübersehbar der alte, helle Glockenturm mit einer Uhr, von der es heißt, dass sie immer fünf bis zehn Minuten vorgegangen sei. Vielleicht waren die Ortsbewohner ja deshalb in vielem ein bisschen früher dran? An den Wänden im Treppenhaus hängen Fotografien aus der Zeit, als die Alte Schule noch Schule war. Viele der Schülerinnen und Schüler, die hier Lesen, Schreiben und Rechnen lernten, leben nach wie vor in Happenbach. Und nach wie vor ist ihnen dieses Gebäude ein Ort des Lernens. Hier bilden sich VHS-Hörer weiter, hier versammelt sich die Rheumaliga, hier wird Gymnastik gemacht und Karate. Im Licht durchfluteten Saal des architektonisch so interessanten Gebäudes proben die Sänger der „Happenbacher Rebläus'" und die Musiker des Heilbronner Bläserensembles, das bereits vor 35 Jahren primär von Happenbacher Bläsern gegründet wurde. Hier bereitet sich auch der noch junge Ökumenische Posaunenchor Con Fuoco auf seine Auftritte vor. Nicht nur, dass es Con Fuoco bereits gelang, in der Heilbronner Kilianskirche ein großes Publikum zu begeistern. Auch in Rom und in Dublin interessiert man sich inzwischen für den Ruf ihrer Posaunen. Auf dem Reiseplan steht gar ein Auftritt im Königsberger Dom. Sowohl das Heilbronner Bläserensemble als auch Con Fuoco werden von dem leidenschaftlichen Trompetenspieler Martin Schönfeld geleitet.

Das Feuer brennt noch immer.

Die evangelisch-methodistische Gemeinde mit ihrem Gemeindezentrum Friedenskirche, das am 4. Advent 1990 eingeweiht wurde, ist eine weitere Besonderheit, die Happenbach und seine Bewohner geprägt hat und nach wie vor prägt. Als Anfang der Geschichte der methodistischen Gemeinden im Heilbronner Raum wird ein Feuer in Donnbronn betrachtet, das eine Bauernfamilie um Haus und Hof brachte. Es heißt, dass die verzweifelten Bauersleute Zuspruch von einem Mann erfuhren, der zufällig des Weges kam und sich ihrer annahm: Pfarrer Nippert, der erste Theologe und Prediger der noch jungen methodistischen Gemeinde Heilbronn. Dieses Feuer, das den Hof vernichtete, entfachte aber zugleich ein wachsendes Interesse an der evangelisch-methodistischen Lehre, die Pfarrer Nippert auf der verbrannten Erde predigte.
Es scheint, als würde dieses Feuer noch immer brennen, als habe es sich in jeder neuen Generation der Happenbacher wieder entzündet. Nicht nur im Kirchenraum.

Fortschrittliche Pädagogen und freikirchliche Prediger schufen ein soziales, geistiges, geistliches Kleinklima, in dem Menschen heranwuchsen, die ein bisschen bewusster mit sich und ihrer Welt umgehen, als andernorts.
„Was kulturell hier entstanden ist, hat immer noch Bezug zur Happenbacher Schule oder zur Methodistenkirche", sagt Martin Schönfeld.

Martin Schönfeld

Abstatt lebt. Und einen guten Teil dieser Lebendigkeit bringen die umtriebigen, unabhängigen Happenbacher in die Gemeinde.

Die Sonne lacht.

Auch vor 1867 gingen die Happenbacher in die Schule. Diese stand in der heutigen Gottlieb-Härle-Straße und als sie ausgedient hatte, kaufte eine Familie Moser das Anwesen, richtete sich hier ein, mit ihrer Landwirtschaft und einer Bäckerei mit Gaststätte. Seither ist der Betrieb in Familienbesitz „Früher gab's hier Vieh und Stall und Scheune", erzählt Gisela Roth, die jetzige Besitzerin. „Es hat sich viel verändert." Veränderungen, denen man gehorchen musste, Veränderungen, die man selber schuf. Lediglich die vielen Backformen in einem der Garträume erinnern daran, dass hier einst Topfkuchen gebacken wurden. Jetzt ist die „Sonne" ein Hotel und die inzwischen einzige Gaststätte des Ortes. Und ein Weingut. Weingut Roth.

Immer hat die Familie den Wein selber ausgebaut. Gisela Roth kann sich noch gut daran erinnern, dass er früher in großen Fässern im Keller lagerte und schoppenweise abgefüllt wurde. „Später wurde er abgeflascht."

Jetzt ist dieser Zweig des Familienunternehmens an die Tochter weitergegeben worden. Sabrina Roth, 27 Jahre alt, gelernte Winzerin und Weinbautechnikerin, behauptet sich erfolgreich in der Männerdomäne Weinbau. „Mittlerweile wird man ernst genommen", sagt sie. Ihr besonderes Augenmerk liegt auf dem Trollinger. 2007 hat sie, zusammen mit sechs weiteren

Blick auf Happenbach.

Winzerinnen, das Projekt „der Trollinger" gegründet. Das Ziel: Den Trollinger vom Image „des Altherrenweins", oder, schlimmer noch, „der württembergischen Plürre" zu befreien. Es gilt, jüngere Generationen wieder für einen Wein zu interessieren, „der als Alltagsbegleiter einfach Spaß macht". Jede der sieben Winzerinnen baut ihren eigenen Trollinger an und aus, allerdings nach Vorgaben, die sie sich selber gegeben haben: Die Rebstöcke müssen mindestens 15 Jahre alt sein. Er soll trocken ausgebaut werden, mit einer leichten Restsüße, nicht zu alkoholbetont. „Etwa 12,5 Umdrehungen", sagt Sabrina Roth. Er wird nicht aus der vergorenen Maische gekeltert, das Erntegut wird erwärmt. Weil jeder Trollinger andere Wachstumsbedingungen und jede Weinfrau, trotz der Vorgaben, ihre ganz eigene Handschrift hat, entstehen auch sieben verschiedene Trollinger, die sie gemeinsam vermarkten. Auch die Gestaltung des Etiketts haben sie in die Hände einer Frau gelegt: der Künstlerin Crina Fleischmann.

Sabrina Roth

Das Gewann Eulengschrei.

Spielplatz Kaudenwald

Eisenbahnschwellen und Sandsteine stützen die Terrassen des großzügigen Geländes, umgeben von Wiesen und Feldern, in unmittelbarer Nähe des Kaudenwalds. Zwei Naturbühnen regen die Phantasie an, wollen mit Spiel und Tanz belebt werden. Alte Bäume, Hütten, Spielgeräte, eine Grillstelle. Geschützte Nischen bieten sich zum Plaudern an und offene Flächen zum Bolzen.

Im seichten Happenbach kann man herrlich matschen, Wasserräder bauen oder Staudämme. Der Kaudenwald-Spielplatz ist ein El Dorado.

Der Wert eines solchen Angebots, das Kindern sinnliche Erfahrungen mit der Natur und freie Bewegung in einem geschützten Raum ermöglicht, ist gar nicht hoch genug zu schätzen. Scharenweise und auch von weit her, ziehen am Wochenende junge Familien zum Kaudenwald-Spielplatz, wo sich nicht nur die Kinder mal so richtig austoben können. Das Zelt, das hier von Mai bis September aufgeschlagen wird, kann man mieten; es wird fast jedes Wochenende genutzt.

„Früher fanden hier wilde Müllablagerungen statt", sagt Jürgen Kaufmann, seit Jahren erster Vorsitzender des Vereins Spielplatz Kaudenwald Happenbach, und er erzählt die lebhafte Geschichte der Bürgerinitiative, die sich 1975 gründete, 1977 den Spielplatz einweihte und sich zu einem Verein entwickelte, der aus dem

Sommerliches Highlight: Das alljährliche Kaudenwaldfest.

kulturellen Leben der Gemeinde nicht mehr wegzudenken ist. Der Kauz ist das Wahrzeichen des Vereins, aus dem auch eine Theatergruppe hervorging, die sich mit großem Aufwand und beachtlichem Talent an Inszenierungen wie „Das Dschungelbuch" und die „Zauberflöte" wagte. Außerdem stellte er eine Tanzgruppe auf die Beine, veranstaltet jährlich einen Lampionumzug für die Kleinen, mit Kapelle und allem Drum und Dran und einen Nachmittag für die Senioren. Höhepunkte des Veranstaltungskalenders aber sind die jährlichen Kulturabende und natürlich das große Kaudenwaldfest. Das findet jeden Sommer statt und ist stets ein Kraftakt für die 240 Mitglieder, die mit den Einnahmen aus dem Fest den Spielplatz und das kulturelle Angebot erhalten und erweitern.

Im kalten Atem des Novembers erstarrt der Nebel zu Kristallen.

„Schlangenbaum" von Kurt Kleis.

VOHENLOHE
„Am Fuße eines Ausläufers des Löwensteiner Gebirgs ..."

Vohenlohe, da träumt es. Hält eine Siesta in der warmen Junisonne. In einem Gehege dösen Ziegen. Halbgeschlossen, ihre Augen mit den senkrechten Pupillen. Eine hat einen Bart und den Gesichtsausdruck eines Philosophen. Blühende Gliederkakteen. Essigbäume. Fachwerk. Ein Erdkeller, halb verdeckt von duftenden Heckenrosen. Ein Bauerngarten. Irgendwo kräht ein Hahn. Gelbe Gänseküken, nachlässig bewacht von einem großen, grauen Hund, dem die Altersweisheit ins Gesicht geschrieben steht. Sicher ein geschätzter Gesprächspartner des philosophischen Ziegenbocks? Spatzen tschilpen,

Hummeln summen. Eine Katze sonnt sich, verschwindet fast in den blühenden Gräsern. Vohenlohe, da träumt es. Singt sein leises Sommerlied.

„Bei uns in Bullerbü."

„Östlich von Abstatt liegt Vohenlohe, am Fuße eines Ausläufers des Löwensteiner Gebirgs, auf welchem Wildeck mit trefflicher Aussicht stehet" heißt es in der Beschreibung des Oberamts Heilbronn, herausgegeben vom Königlichen statistisch-topographischen Bureau in Stuttgart im Jahr 1865. Da war Astrid Lindgren noch nicht geboren, ihre drei Bücher über die Kinder von Bullerbü sollten erst 100 Jahre nach diesen Erhebungen erscheinen. Wie also sollten die Mitarbeiter des „statistisch-topografischen Bureaus", die das Land vermessen und beschrieben haben, da gewusst haben, dass es sich bei Vohenlohe nur um eines handeln kann? Um eine schwäbische Ausformung einer schwedischen Idylle. Sonst hätten sie es sicher erwähnt. Hätten möglicherweise sogar die Bedeutung des Wortes Bullerbü etymologisch verfolgt, um herauszufinden, ob es nicht vielleicht das gleiche bedeutet wie Vohenlohe? Fuchswäldchen. Allerdings hat sich dieses Wäldchen, das der Siedlung seinen Namen gab, inzwischen zurückgezogen, ist bergauf gewandert. Und mit ihm seine Füchse. Niemand wohl, auf der Geflügelfarm, der das beklagen würde?

Gerda Baumgärtner

Mühelos, meint man, ließe sich, in diesem kleinen, malerischen Ortsteil an der Schozach, noch der Gutshof von früher ausmachen, der größte der Gemarkung, ein Hofgut der Fürsten Löwenstein-Wertheim-Rosenberg. Wenn man die romantisch-nostalgischen Vorstellungen, die sich unwillkürlich aufdrängen, mit der Beschreibung der Stuttgarter Geodäten vergleicht, wird einem schnell klar, dass es hier damals lebhafter zugegangen sein muss als heute. Am Ende des 18. Jahrhunderts zum Beispiel, sollen in den Gebäuden des Gutshofes noch „29 löwensteinsche Diener und Pächter mitsamt Gesinde" gewohnt haben. Dazu 16 Ochsen, 56 Kühe, 25 Schweine und die stattliche Anzahl von 500 Schafen. Auch vier Pferde wurden gezählt. Das Pferd, das 1842 den Pächter Georg Friedrich Walz erschlug, wird bei dieser Auflistung noch nicht dabei gewesen sein. Die meisten Siedlungen sind mit der Zeit gewachsen. Nicht so Vohenlohe. Heute leben hier drei Familien. Wie in Bullerbü eben. Pferde gibt es hier nicht mehr. Aber jede Menge Federvieh aus dem Geflügelhof der Familie Baumgärtner. War Bullerbüs Hühnerfarm nicht der Mittelhof?

Gerda Baumgärtner

„Auf Ihren Besuch freut sich Weingut Föll."

Die Ziegen gehören den Kindern Manuel, Marita, Alexander und der kleinen Annemarie von der Familie Föll. „Und Albrecht, das ist unser Papa und Albert, das ist der Opa", ergänzt Marita, wobei sie jeweils die zweiten Silben der Namen betont.

Gibt es nicht auch in Bullerbü einen Großvater? Einen, der so viele Geschichten von früher erzählen kann? Also, Albert Föll kann das auch. Zum Beispiel, wie es kam, dass die Familie Föll in Vohenlohe ansässig wurde. Er war etwa neun Jahre alt, als sein Vater ein Stück des fürstlichen Besitzes kaufte, dessen Versteigerung und Aufteilung seit 1931 betrieben wurde. Als Karl Föll erfuhr, dass rund 15 Hektar und die Hälfte der Gebäude des ehemaligen Hofgutes erneut zum Kauf angeboten wurden, weil der vorherige Käufer seinen Zahlungsverpflichtungen nicht nachgekommen war, beschloss er in den Vertrag einzusteigen. Ein mutiger Entschluss in schwierigen Zeiten, gefasst von einem jungen Arbeiter, der in einen kleinen Bauernhof eingeheiratet hatte, und den es mit seiner jungen 4-köpfigen Familie aus den engen Verhältnissen herausdrängte. An einem Wintertag im Jahre 1934, kurz vor Weihnachten, setzte er sich auf sein Fahrrad, fuhr nach Wertheim und machte die Sache perfekt. Seither ist der landwirtschaftliche Betrieb im Besitz der Familie Föll und wurde inzwischen an die dritte Generation weitergegeben.

„Das Pferd hat das Tempo der Arbeit bestimmt", erinnert sich Albert Fölls Sohn Werner, der heute als Historiker arbeitet. „Überhaupt wurde der Rhythmus von den Tieren vorgegeben. Die Kühe mussten gemolken, die Ställe ausgemistet, das Vieh gefüttert werden. Grünfutter im Sommer, Heu im Winter. So begann der Tag und so hörte er auf. Sieben mal in der Woche. Aussaat, Pflege und Ernte der Feldfrüchte, der Äpfel, Birnen, Kirschen, Trauben ... Und im Winter ging's in den Wald, das Brennholz für spätere Winter schlagen." Obstbau und Viehzucht gehören bei Familie Föll der Vergangenheit an. Unter der Regie von Albrecht Föll ist aus dem Betrieb nun ein reines Weingut geworden. „Alles wird ab Hof verkauft", sagt er. Er hat auch eine Besenwirtschaft eingerichtet und diese wunderbare Terrasse gebaut, für das alljährliche Hoffest.

„Es ist nie zu spät, eine glückliche Kindheit zu haben."

Da sitzen die Gäste, genießen die Ruhe, den Wein, die abseitige Lage, führen mit dem Ziegenbock ein sokratisches Gespräch, lauschen der abendlichen Amsel. „Vohenlohe, da träumt es", denken sie. Und wenn Margret Föll nach ihrem Sohn ruft, „Manuel – wo bisch?", wundern sie sich, weil sie ganz selbstverständlich davon ausgehen, dass Kinder, die an einem solchen Ort groß werden, Lasse heißen, oder Bosse, Britta oder Inga.

Und da wird ihnen plötzlich klar: Vohenlohe träumt nicht. Wahrscheinlich hat es noch nie geträumt. Wahrscheinlich war es immer ein Ort, an dem sehr hart gearbeitet wurde. Aber Vohenlohe weckt Erinnerungen. Nicht unbedingt die eigenen. Aber was macht das schon? Es sind Bullerbü-Erinnerungen an eine geborgene Kindheit in einem geschützten Freiraum, reich an Sinneserfahrungen und intensivem Spiel. An Eltern, die da sind, wenn sie gebraucht werden, die es aber auch verstehen, ein Kind in Ruhe zu lassen. „Man lernte, Verantwortung zu übernehmen", sagt Werner Föll rückblickend. „Man hatte Teil am Leben der Eltern und begriff früh, was es heißt, seinen Lebensunterhalt zu verdienen."

„Es ist nie zu spät, eine glückliche Kindheit zu haben", sagt Astrid Lindgren. In Vohenlohe begegnet sie einem. Ganz unvermutet. Eine glückliche Kindheit.

BURG WILDECK
*„Eine Gegend, viel zu schön,
um hier zu sterben."*

Wirklich Spektakuläres lässt sich über die Burg Wildeck offenbar nicht erzählen. Von erbosten Bauern zum Beispiel, die sie geschliffen oder ihr den roten Hahn aufs Dach gepflanzt hätten. Obwohl man es für möglich hält, dass der Vorgängerbau der heutigen Wildeck genau dieses Schicksal erlitten haben könnte. Keine Kalendergeschichte „vom Schwed'" oder „vom Franzos'" im „Rheinischen Hausfreund" oder anderswo. Obwohl eine Beschreibung der Burg Wildeck aus dem Jahre 1653 besagt, dass der Turm nach dem Dreißigjährigen Krieg nicht zu bewohnen gewesen sei. Warum nicht? Was hat sich hier abgespielt? Geschichte begreift man doch am besten über Geschichten. Keine Sage, die mit ihr verknüpft wäre. Keine romantische Erzählung einer verbotenen Liebe, einer verbotenen Kammer. Kein schwäbischer Romantiker, der in ihrem Turmzimmerchen den Federkiel gespitzt, sie mit Sehnsuchtsversen besungen hätte. Noch viele Male wurde die Romantik von den ihr folgenden literarischen Epochen abgelöst, bis endlich jemand auf die Idee kam, der Burg Wildeck schriftlich zu huldigen. Ein amerikanischer Soldat, den es in den letzten Tagen des Zweiten Weltkriegs hierher verschlagen hatte. „Die Gegend war viel zu schön, um hier zu sterben", erinnert er sich. Und mit dieser, fast beinah literarischen Huldigung muss sich die Wildeck offenbar zufrieden geben.

Es gibt noch viel zu erforschen.

Die Anfänge der Burg lägen im Dunkeln, bedauert Dietmar Rupp in der großen Abstatter Chronik. Er vermutet, dass sie der Kontrolle eines ehemaligen Fernwegs gedient habe, möglicherweise einer alten Römerstraße. Eine Bemerkung, so recht dazu angelegt, die Phantasie zu beflügeln. Was waren das für Menschen, die sich auf dieser Straße bewegten? Warum waren sie unterwegs? Und auf welche Weise? Wie sah die Landschaft hier aus, zu Römerzeiten? Und wie sah sie aus, als die Herren von Heinriet die Vorgängerburg an gleicher Stelle bauten? Zwischen 1250 und 1330, vermutet Dietmar Rupp, der davon ausgeht, dass die Burg noch vor 1400 an die Löwensteiner verkauft wurde, in deren Besitz sie sich über 600 Jahre befand. 1933 schließlich verkaufte Karl Erbprinz zu Löwenstein-Wertheim-Rosenberg die Wildeck und die dazugehörigen Ländereien an das Land Württemberg. Obwohl: Eigentlich war sie ja bereits ein Jahr zuvor vertraglich Salman Schocken zugesprochen worden, dem Begründer der späteren Kaufhauskette Horten. Salman Schocken war Jude, womit sich die Frage, warum sein Kaufvertrag keine Gültigkeit behielt, auf traurige Weise selbst beantwortet.

Zwangsarbeiter und Soldaten.

Aus dem 20. Jahrhundert gibt es dann also doch ein paar Geschichten über die Wildeck. So auch die von den polnischen Zwangsarbeitern, die in den Weinbergen arbeiteten und in einer Baracke im Tal untergebracht waren. Es heißt, dass einer von ihnen, der sich gegen einen Vorarbeiter aufgelehnt hatte, dafür an einer Eiche aufgehängt wurde, und dass seine Kameraden gezwungen wurden, bei der Hinrichtung zugegen zu sein. Oder sollte man besser Ermordung sagen? Die Alten wissen noch, wo die „Poleneiche" steht.

Aus dieser Zeit, vom Ende des Zweiten Weltkriegs, stammt auch die Geschichte vom Kampf um den Burgturm, wo sich die Wehrmacht einen Stützpunkt eingerichtet hatte. Als die Amerikaner näher rückten, zog sie ab, versteckte sich im Wald. Es gibt eine Passage in dieser Geschichte, die beinah witzig ist, wenn sie nicht so traurig wäre: Der Irrtum nämlich, dass jede Partei den Gegner im Turm vermutete und dass man einen leeren Turm von zwei Seiten unter Beschuss nahm. Der tragische Teil der Geschichte ist, dass der Turm zwar leer, der Keller jedoch voll mit französischen Kriegsgefangenen war, die sich hier versteckt hielten. Tragisch ist auch, dass der Turm, von einer Mörsergranate getroffen, vollständig ausbrannte. Die französischen Kriegsgefangenen konnten befreit werden. Vier deutschen Soldaten allerdings kosteten die Kampfeshandlungen das Leben. Man fand ihre Leichen im Steinbergwald. Laut Abstatter Chronik, war nur einer älter als 18 Jahre. All das geschah am 16. und 17. April 1945. 14 Tage vor Kriegsende. In einer Gegend, die viel zu schön war, um hier zu sterben.

Wolfgang und Heidi Heller.

Nichts mehr, was heute daran noch erinnern würde. Der Burgturm hat sich von seinen Kriegsverletzungen erholt, mag vielleicht, wie alle alten Herrschaften, manchmal ein Reißen spüren, wenn es Regen gibt. 16 Betonpfeiler hat man ihm eingezogen, ein jeder mit einem Durchmesser von 30 Zentimetern. Sieben Meter tief wurden die Pfeiler in den Boden gerammt. Das mag ihn wohl halten. Und auch die, die hier ein bisschen die Aussicht genießen. Das Zabergäu. Ludwigsburg. Und? Wer ist diese zierliche Gestalt mit dem adrett gestärkten, kurzen Röckchen Na? Genau! Der Stuttgarter Fernsehturm.

Früher, als der Wildecker Burghof noch von Gebäuden umschlossen war, als es zum Beispiel noch ein Kelterhaus gab, und ein Tagelöhnerhaus, ein Brunnenhaus und ein Weinberghaus, da war dort oben jede Menge Leben. Im Jahre 1796 zum Beispiel, wohnten auf dem Burggelände fünf Familien. Insgesamt 23 Personen. Heute steht an der Burg nur noch ein Wirtschaftsgebäude und in dem wohnt ein Ehepaar. Insgesamt zwei Personen.
Wer sie besucht, dem kommt unwillkürlich das Goethe-Gedicht: „Kennst Du das Land, wo die Zitronen blüh'n" in den Sinn. Die reifen hier nämlich, in einem dicken Kübel. Zudem bestaunt man Kamelien,

Die Burg Wildeck und ihre Ländereien sind, wie gesagt, seit 1933 in Staatsbesitz. Durch weitere Zukäufe wurde die Weinbaufläche erweitert. Sie misst jetzt etwa 13 Hektar.

Dazu weiß Wolfgang Heller eine Geschichte: Es soll zwei alte Damen gegeben haben, die von alters her noch ein Zipfelchen dieses Gebiets besaßen. Und diese beiden haben ganz genau gewusst, wie scharf man in Weinsberg auf ihre 40 Ar war. „Sie wussten, dass sie die Bedingungen machen konnten", erzählt Heller schmunzelnd. Und sie taten es auch.
Vielleicht haben sich ja die Unterhändler, die eines Tages mit fertig formuliertem Vertrag und gezücktem Füllfederhalter anmarschierten, gedacht: „Zwei alte Frauen? Mit denen werden wir ein leichtes Spiel haben." Es macht Spaß, sich vorzustellen, wie sie mit gönnerhafter Miene und falscher Freundlichkeit die Stube betraten, wo die Frauen ihre Sammeltassen gedeckt hatten. Ganz harmlos. Und wie die Unterhändler im folgenden Gespräch so taten, als wäre es ein Akt reiner Nächstenliebe ihrerseits, die beiden Alten von der Last des Landes zu befreien. Und wie sie dann wieder abziehen mussten, um einen neuen Vertrag aufzusetzen, der dann vielleicht nicht mehr ganz so zu ihren eigenen Gunsten ausfiel.

Feigen, Glyzinien, Rosen über Rosen. „Das macht alles sie", sagt Wolfgang Heller. Sie, das ist seine Frau. Heidi Heller. Heidi Heller hat grüne Daumen. An jeder Hand mindestens fünf.

Beide Hellers arbeiten in Weinsberg, bei der Staatlichen Lehr- und Versuchsanstalt für Wein- und Obstbau, zu der auch die Wildeck gehört. Heidi Heller, von Beruf Hauswirtschaftsmeisterin, ist dort Küchenchefin. Wolfgang Heller, von Beruf Diplom-Ingenieur für Weinbau und Kellerwirtschaft, ist für die Ausbildung des Nachwuchses der Winzer, der Küfer und der Obstbauern zuständig.

Außenbetrieb der Staatlichen Versuchsanstalt für Obst- und Weinbau in Weinsberg.

Die Wildeck ist ein Außenbetrieb der Weinsberger Versuchsanstalt. Einer von dreien, die inzwischen zentral verwaltet werden. Davor aber hatte jedes Weingut seinen eigenen Verwalter und hier oben war das Wolfgang Heller. Eine Residenzverpflichtung brachte es mit sich, dass er das Verwalterhaus 1983 bezog. Und dort wohnt er heute noch, inzwischen mit seiner Frau. Gemeinsam kümmern sie sich um das Burggelände, Gartenanlagen und um den Turm. „Eine Dienstwohnung", sagt Heidi Heller. „Uns ist bewusst, dass das alles auch ein Ende haben kann."

Zwischen 300 und 400 Meter hoch liegen die Anbauflächen, auf der neue Sorten und neue Anbaumethoden entwickelt und getestet werden. „An der Obergrenze des Weinbaus", sagt Wolfgang Heller. Dennoch – die Anbaubedingungen sind ideal. „Ein Tal in Ost-Westrichtung. Reine Südhänge mit einer Steigung von bis zu 45 Prozent. Der ideale Einfallwinkel für die Sonnenbestrahlung." Hinzu kommt, dass das Tal durch den Wald horizontal abgeschirmt ist und nach Westen abfällt. Dadurch kann die Kaltluft besser abfließen. Zur Bewässerung wurden drei Seen angelegt, auf verschiedenen Ebenen. Noch ein zusätzlicher Wärmespeicher, der die Kälte auflöst. „Auch im extrem kalten Winter von 1985 ist hier nicht eine Rebe erfroren." Und im extrem heißen Sommer 2003 konnte man in den Rebzeilen an der Mauer eine Temperatur von 62 ° Celsius messen. „Im Schatten!", sagt Wolfgang Heller.

KERNER, DORNFELDER, ACOLON UND CO.

Auf diesen Hängen wurde der Dornfelder gezeugt. Er wurde 1955 von August Herold gezüchtet, indem er die beiden Sorten Helfensteiner und Heroldrebe miteinander kreuzte. Man könnte sagen, hier begann das Leben der erfolgreichsten Rotweinneuzüchtung der Welt. Benannt wurde er nach Immanuel Dornfeld, dem Initiator der Weinsberger Weinbauschule. Aus einer Kreuzung des Dornfelders mit dem Lemberger wiederum entstand der Acolon. Gezüchtet wurde er bereits 1971, erhielt aber erst 2002 Zulassung und Sortenschutz. Seither erobert er unaufhaltsam den Markt. „Und die erfolgreichste Weißwein-Neuzüchtung überhaupt", so Wolfgang Heller, „ist der Kerner." Auch diese Sorte stammt von dem bedeutenden Rebenzüchter August Herold, der 1902 in Neckarsulm geboren wurde, wo er 1973 starb. Aus Trollinger und Riesling, einer dunklen und einer hellen Traube, stammt dieser frische, würzige Weiße, der sich gerne vom Image des „Frauenweins" befreien würde. Jemand sollte ihm mal sagen, dass es jedem, ob hell oder dunkel, zur Ehre gereiche, von den Frauen geliebt zu werden.

VERANSTALTUNGSORT MIT ATMOSPHÄRE

Alpines Flair bei der Anfahrt. Bloß nicht rechts runter gucken! Obstbäume hüllen sich in sanfte Blütenwolken. Weinstöcke stehen Spalier. Amseln flöten sich die Seele aus ihrem kleinen Leib. „Toll ist es geworden", sagen die abendlichen Besucher auf der Burg. „Einwandfrei!" Und: „Seit wann ist das hier eigentlich so?" Nachdem das Wirtschaftsgebäude und die Verwalterwohnung 1993 renoviert worden waren, feierte an Fronleichnam 1994 der Chef der Oberfinanzdirektion seinen 50. Geburtstag auf Wildeck. Geplant war eine Feier im Burghof.
Geregnet hat's. In Strömen. Also zog man sich in den Turm zurück. Rustikal. Selbstgezimmerte Treppen, nackter Betonfußboden und Bierzeltgarnituren. Ein Südbadener sagte: „Bei uns wäre das längst ausgebaut." Das nahm sich der Chef der OFD zu Herzen. Im Februar 1995 rückten die Planer an. Im März die Bauarbeiter. Im September 1995 war der Turm fertig. So wie er heute ist.
Seit 2007 hat die Gemeinde Abstatt auch ein Nutzungsrecht. Seitdem ist hier eine ganze Menge los. Besonders im Sommer.

Auch der Akku nutzt den Turm, der jeder Veranstaltung eine besondere Atmosphäre gibt, zum Beispiel einer Lesung von Ingrid Noll, Deutschlands Krimiautorin Nummer eins. Eine Lady mit wachen Augen, trockenem Humor, grauer Pagenfrisur und dunkler Stimme. Man mag sie gleich. Ihr Lächeln hat das gewisse Etwas. Und ihre Geschichten auch. „Ladylike" heißt der Roman, aus dem sie liest. Er handelt von zwei älteren Damen, Anneliese und Lore, die eine Frauen-WG gründen. Und irgendwas haben diese beiden über 70-jährigen Romanfiguren, was einen lebhaft an diese beiden alten Frauen erinnert, die es schafften, aus ihren 40 Ar den größtmöglichen Profit herauszuschlagen.

Dorfgedanken

Abends scheue Rehe
am Bach, übers Feld
tollten Hasen
Milchkannengeschepper
und ein Geruch nach Brot und Stall.

Enge Hohlwege ging's
durch Reben, zur Burg
wo einst Apfelbaumwiesen
reihen sich Häuser
geben dem Ort ein anderes Kleid.

Ein Augenblick – oder zwei
am Brunnen, ein Schwatz
eine junge Linde grüßt
den alten Turm
und kleine Fenster sehn in hohes Glas.

Schon immer paddeln
Enten bachauf, bachab
jetzt mitten im Park
für Kinder, Liebende, alle
und Abenteuer, Stille, Glück.

Gedanken eilen Straßen
entlang, begegnen
dem einen, kreuzen andere
wandern am Weinberg
und laden Fremde, Freunde zum Fest.

Birgit Albrecht

LEBEN IN ABSTATT.

Kein Supermarkt wie alle anderen.

Im Januar 2008 öffnete der CAP-Markt im Deboldsacker seine Pforten. Ein Vollsortimenter, der sich weder im Angebot noch in der Preisgestaltung von anderen unterscheidet, der aber, in einer ganz besonderen Weise, eine gesellschaftliche Verantwortung übernimmt. CAP-Märkte, ihr Name leitet sich von dem Wort Handicap ab, bieten Arbeits- und Praktikumsplätze für behinderte und nichtbehinderte Menschen. Das Konzept wurde 1999 von den Genossenschaften der Werkstätten für Behinderte in Sindelfingen entwickelt. Ein Franchise-Projekt.

„Hier bekommt jeder eine Chance."

Mittlerweile gibt es bundesweit 60 CAP-Supermärkte, fünf davon im Landkreis Heilbronn und in Hohenlohe. In unserer Region werden sie von der Aufbaugilde Integrationsbetriebe gGmbH betrieben. „Wir sind verpflichtet, mindestens 40 Prozent Behinderte zu beschäftigen", sagt Michael Stammler von der Aufbaugilde, der für die Märkte zuständig ist. „Bei uns bekommt jeder eine Chance. Wir kümmern uns um die Leute. Wir wollen sie aufbauen." Das liegt vor allem in den Händen der Marktleiterin Ingrid Tiedemann, die seit 30 Jahren in der Lebensmittelbranche tätig ist. Sie begleitet die Menschen, die andernorts nicht Fuß fassen können, aber es hier schaffen, zum Beispiel eine Fachhelferausbildung zu absolvieren und die Prüfung an der IHK erfolgreich zu bestehen. Nicht nur das Personal, auch die Kundschaft soll sich hier wohl fühlen. Dazu tragen die breiten Gänge bei und die vergleichsweise niedrigeren Regale. Der besondere Service, der freundliche Umgangston, die spürbare Geduld und der Idealismus, mit dem hier gearbeitet wird.

Einer der „Chauffeure vom Dienst": Martin Rieschl.

Renate Bartz

Ein Auto für soziale Belange.

Ortsansässige Firmen haben ihn gemeinsam finanziert und der Gemeinde übergeben. Die finanziert die KFZ-Steuer und die Versicherungen, wartet und betreut ihn. Und sie nutzt ihn: Der weiße Kleinbus ist das Auto für soziale Belange. Die Kirchengemeinden leihen ihn aus, die Vereine, die Kindergärten. Wer sich das Auto borgt, zahlt den Sprit und zehn Cent pro gefahrenen Kilometer. Jugendliche zahlen fünf. Jeden Dienstagmorgen transportiert der Fiat Menschen, die nicht mehr selber fahren wollen oder können und etwas zu besorgen haben.

Bis halb zehn melden sie sich telefonisch bei Herrn Vieser im Rathaus. Der gibt die Liste der Anrufer an den „Chauffeur vom Dienst" weiter und der holt seine Passagiere dann zuhause ab. Er bringt sie zum Aldi. Zum CAP. Zur Apotheke. Je nachdem. Und wenn sie ihre Einkäufe beendet haben, fährt er sie wieder zurück nach Hause. Rolf Walter, Michael Kerber, Hans Peter Schmidt und Martin Rieschl teilen sich zurzeit dieses Ehrenamt und transportieren ihre Fahrgäste zum Ziel ihrer Wahl. Innerhalb von Abstatt versteht sich.

Als Kommunikationstreff sieht Martin Rieschl den weißen Kleinbus. „Für manche ist der Einkaufsdienst der einzige Tag in der Woche, wo sie rauskommen."

Hermann Schulz aus der Hofackerstraße ist einer von denen, die das Angebot gerne und regelmäßig nutzen. Oder Renate Bartz aus der Benzengasse.
„Der ist schon weit draußen, der Aldi, gell?", sagt Martin Rieschl und stellt Renate Bartz einen kleinen Schemel vor die Wagentür, damit

sie besser einsteigen kann. Und dann, vorm Aldi, stellt er ihr den kleinen Schemel vor die Wagentür, damit sie besser aussteigen kann. Während sich Renate Bartz mit dem Angebot von Aldi-Süd befasst, wird Hermann Schulz zum CAP kutschiert, wo dieser seine Einkaufsliste abarbeitet. „Was suchst du denn, Hermann?", fragt Martin Rieschl. „Ich weiß schon, was ich brauche", wehrt Hermann Schulz die Hilfe ab und legt eine Flasche Salatdressing in seinen Wagen. „Riesling ist das nicht!", sagt Martin Rieschl. „Du bist jetzt mal ruhig, ja?", antwortet Hermann Schulz. Er will sich konzentrieren.
Zurück geht's zum Aldi. Schemelchen vor die Bustür für Renate Bartz. Martin Rieschl setzt Hermann Schulz in der Hofackerstraße ab, fährt vor zur Benzengasse. Schemelchen vor die Bustür nicht vergessen. Und dann trägt er der Dame den Einkauf ritterlich ins Haus. „Also! Bis zum nächsten Mal."

Die Kindergärten.

Der Kindergarten Landgraben.

In der Gemeinde Abstatt gibt es drei Regelkindergärten mit insgesamt sieben Gruppen, die mit bis zu 28 Kindern besetzt sind. Vier im Landgraben, zwei in der Goldschmiedstraße, eine in Happenbach. Die Erzieherinnen der drei Kindergärten bilden ein gemeinsames Team, das sich regelmäßig zu Besprechungen trifft.

Seit 2006 gibt es zudem die Möglichkeit einer Ganztagsbetreuung. Seit Juni 2008 wird dafür auch die ehemalige Pfarrwohnung als Gruppenraum genutzt. Zurzeit existieren fünf Gruppen, in einigen werden Kinder bereits im Säuglingsalter aufgenommen. Träger der Ganztagsbetreuung ist der Verein „Kinder in Bewegung", der von der Gemeinde bezuschusst wird.

Die drei Regelkindergärten jedoch werden von der Gemeinde Abstatt finanziert, die hier derzeit 15 Erzieherinnen, beziehungsweise Kinderpflegerinnen und Auszubildende beschäftigt – ein nicht unerheblicher Posten des Haushalts. Dazu addieren sich außerdem die Ausgaben für Raumpflegerinnen, Hausmeister und gelegentliche Einsätze des Bauhofs. Außerdem müssen die Gebäude in Ordnung gehalten und ausgestattet werden. Es braucht Möbel, Spiele und Spielgeräte, Bücher und so weiter.

Nur wenige Kommunen in Baden-Württemberg unterhalten ihre Kindergärten, ohne Beiträge von den Eltern zu erheben. Abstatt ist eine der ersten Gemeinden, die die Gebühr erlässt. Seit dem 1. September 2008 ist hier, sofern keine Ganztagsbetreuung in Anspruch genommen wird, der Besuch eines Kindergartens kostenfrei.

Die Schule.

„Schule", sagt die Rektorin Christine Danner (mit Konrektor Wolfgang Hammer), „ist ein ständiger Wandlungsprozess. Sie muss sich den ständig wachsenden Anforderungen anpassen. Dabei muss man eine Balance finden: Das Gute bewahren und die Schule trotzdem weiterentwickeln."

Die Abstatter Grundschule strahlt einen gewissen Zauber aus. Mitten im Ort gelegen und doch in einer geschützten, grünen Nische, bewacht von großen, alten Bäumen. Kastanie, Ahorn, Buche. Die Bank rund um die alte Linde ist einer der besonderen Plätze Abstatts. Bereits rein äußerlich vermittelt die kleine Schule den Eindruck, dass die Menschen, ob groß, ob klein, hier wahrscheinlich sehr gerne lernen und arbeiten.

Die Schülerzahl ist seit Jahren recht konstant. Derzeitiger Stand: 206 Kinder, acht Klassen, zwölf Lehrerinnen und Lehrer. Die Schule bietet Kernzeitbetreuung an. Ab 7.30 Uhr und bis 13.30 Uhr wissen Berufstätige ihre Kinder hier gut betreut.

Ein afrikanisches Sprichwort sagt: „It takes a village to raise a child": Es braucht ein ganzes Dorf, um ein Kind großzuziehen. In Abstatt weiß man offensichtlich um die Verantwortung, die die gesamte Gemeinde für die Entwicklung und das Wohl ihrer Kinder trägt. „Das Miteinander aller, die am Schulleben beteiligt sind, Eltern, Kollegium, Schulträger, Mitarbeiter der Gemeinde, begeistert mich immer wieder", sagt Christine Danner. Sie hat im Jahr 2007 die Schulleitung übernommen. Und sie schätzt es sehr, auf die Basis von Vertrauen und Wohlwollen, geprägt von einem guten Umgangston, bauen zu können. „Dieses gute Miteinander ist typisch für Abstatt", sagt sie.

Das Zusammengehörigkeitsgefühl resultiert auch aus der Kooperation mit den Vereinen. Zum Beispiel mit der Musikschule. Derzeit sind 24 Kinder in der Bläserklasse, die inzwischen zum zweiten Mal, in der dritten und vierten Klassenstufe angeboten wurde. „Hier entfaltet sich nicht nur die Musikalität der Kinder, sondern auch ihr Gruppenbewusstsein, ihre Sozialkompetenz. Sie lernen auch, Verantwortung für ihre geliehenen Instrumente zu übernehmen", sagt Christine Danner. Eines von vielen Beispielen, das deutlich macht, wie stark die Schülerinnen und Schüler durch die Kooperationen mit Vereinen gefördert werden.

Für das Miteinander von Schule, Gemeinde und Elternschaft und für die Förderung der Kinder, ideell und materiell, setzen sich auch die 60 Mitglieder des Fördervereins der Grundschule Abstatt ein. Sie helfen, wenn es um Anschaffungen geht, für die der Etat nicht ausreicht. Sie springen ein bei der Beschaffung zusätzlicher Lehrmittel und unterstützen schulische Veranstaltungen. Theaterbesuche zum Beispiel, Ausflüge, Fahrten zur Partnergemeinde Léhon. Durch Spenden, Mitgliedsbeiträge und Einnahmen bei den jährlichen Herbstfeiern, war es dem Verein möglich, der Schule Computer, Drucker und Videokamera zur Verfügung zu stellen. Und sie dabei zu unterstützen, Spiele für die Pause zu beschaffen.

Der äußere Eindruck der Schule, mittendrin und doch im geschützten Raum, korrespondiert mit dem Leben und Lernen, das in ihrem Innern gestaltet wird. Wie die alten Bäume rund um den Schulhof, spannen auch die vielen engagierten Menschen ein schützendes Dach über die ersten Jahre des schulischen Lebens ihrer Kinder.

„Eigentlich kommen Kinder schon als Musiker zur Welt. Sie haben ein sicheres Rhythmusgefühl, denn den Herzschlag der Mutter haben sie über Monate hinweg verfolgt und miterlebt. Sie kennen die Stimmen (und die Lieblingslieder) ihrer Eltern, bevor sie ihre Gesichter gesehen haben. Bei dieser natürlichen Veranlagung setzt die Musikwiege an."

(Musikschule Schozachtal.)

„Durch die Beschäftigung mit Kunst entsteht Gemeinschaft und Kultur."

(Aus dem Leitbild der Musikschule Schozachtal.)

Die Musikschule Schozachtal.

„Wir wollen bewahren und öffnen, betrachten und schöpfen, lehren und lernen, forschen und entwickeln", heißt es im Leitbild der Musikschule Schozachtal. All das geschieht hier auf eine höchst musikalische, tänzerische Art und Weise.

Die Musikschule Schozachtal ist ein Zweckverband, der im Jahr 2003 aus dem Verein „Schule für Musik und kreatives Gestalten", gegründet 1992, hervorging. Derzeit unterrichten hier 17 Lehrkräfte. Die circa 560 Schüler und Schülerinnen kommen in erster Linie aus Abstatt und Untergruppenbach, weitere aus Ilsfeld und Beilstein.
Sie lernen im Einzel- oder Gruppenunterricht und auch in einem der vielen Ensembles. Sie singen. Sie tanzen. Sie schauspielern. Und sie können sich aus 17 Instrumenten, die hier unterrichtet werden, das für sie richtige aussuchen. Die jüngsten Schüler sind erst wenige Monate alt. Sie beginnen ihre musikalische Ausbildung in der Musikwiege. Viel Zulauf hat der Ballettunterricht. „Das ist ortsspezifisch und liegt sicher auch an der Lehrerin Mihaela Mimler", sagt Wolfgang Absolon. Seit 2002 leitet der 56-jährige Musikpädagoge die Musikschule. Sein Unterrichtsfach ist die Gitarre.

Die Mitgliedschaft der Musikschule Schozachtal im Verband deutscher Musikschulen kommt einem Gütesiegel gleich; sie garantiert die Qualität der Institution und des Unterrichts. „Wir sind aber auch eine Angebotsmusikschule", sagt Wolfgang Absolon, „das heißt, wir stellen uns auf die Nachfrage ein."

Nachgefragt ist das Populäre. Geige und Akkordeon zählen derzeit nicht gerade zu den Trendsettern. Das sind eher zeitgemäße Instrumente wie E-Gitarre und Schlagzeug. Die Schule reagiert auf den Trend. „Wir gehen auf die Wünsche unserer Kunden ein, aber wir versuchen auch die klassischen Instrumente und Musikstile zu erhalten", sagt Absolon.
Und es sollen wieder mehr, oder besser noch, alle Kinder aktiv Musik machen. In Zusammenarbeit mit der Grundschule wurde im Frühjahr 2007 die erste Bläserklasse in Abstatt eingerichtet. Im Herbst 2008 folgte schon die 2. Klasse dieses bundesweit erprobten und bewährten Konzepts.

Mit Beginn ihres dritten Schuljahrs haben die Abstatter Grundschüler nun zwei Jahre lang die Möglichkeit, ein Blechblasinstrument zu leihen und zu erlernen. Ein kostengünstiges Angebot: Leihgebühr, Versicherung, Einzel- und Gruppenunterricht für 39 Euro im Monat.

Seien es die traditionellen Lehrerkonzerte zu Beginn des Jahres, die Musizierwochen im Vereinszentrum, die Auftritte der Ensembles bei Vernissagen und Festlichkeiten: Aus dem öffentlichen, kulturellen Leben ist die Musikschule nicht mehr wegzudenken. Und nicht nur denen, die sich 1992 für die Gründung der Schule einsetzten und allen, die seither für ihren Erhalt und Ausbau und für ihre Weiterentwicklung Sorge tragen, wird das Herz aufgehen, angesichts der poetischen, kreativen und gekonnten Inszenierungen, die die Schule mit ihren Lehrern und Schülern immer wieder auf die Beine stellt. Wie zum Beispiel das zauberhafte Musical „Tuishi Pamoja" im Jahr 2007.

Kinderferienprogramm.

„Abstatter Ferienexpress! Bitte einsteigen, Tüüren schließen! Voorsicht bei der Abfahrt!" Der Zug, der mit den Ferienkindern durch den Sommer braust, ist 2008 das 17. Mal unterwegs. Und die Stationen, an denen er hält, heißen Tanzen, Yoga oder Judo. Bogenschießen, Tischtennis oder Beachvolleyball. Er hält im „Dschungel", am Feuerwehrhaus oder auch hinter den sieben Bergen, bei den sieben Zwergen. Manchmal fährt er in die Landeshauptstadt, zum Flughafen,

„Was lebt in der Schozach?": Diplom-Biologe Dieter Veile untersucht mit Ferienkindern den Bach.

manchmal nach Schwaigern in den Leintalzoo. Dann wieder braust er in den Weltraum oder einfach nur in die Nacht, die die Kinder dann mit ihren Fackeln erleuchten. Es gibt Tage, da fährt er die Kinder irgendwohin, wo sie dann etwas backen, basteln, malen oder wo sie, mit Becherlupe und Käscher, eine naturwissenschaftliche Exkursion machen. In der Schozach zum Beispiel. Für jede Altersstufe ist etwas dabei, von 3 bis 18 Jahren. 2008 hatte der Ferienexpress 45 Stationen auf seinem Fahrplan. Alle wurden von Abstatter Vereinen, Organisationen oder auch von Privatpersonen gestaltet. Ehrenamtlich.

So wird es den Ferienkids nicht langweilig. So wird ihnen Wissen vermittelt, ohne dass sie es so richtig merken. Und so lernen sie auch die Abstatter Vereine kennen und bekommen vielleicht Lust, sich selber in und mit ihnen zu engagieren.

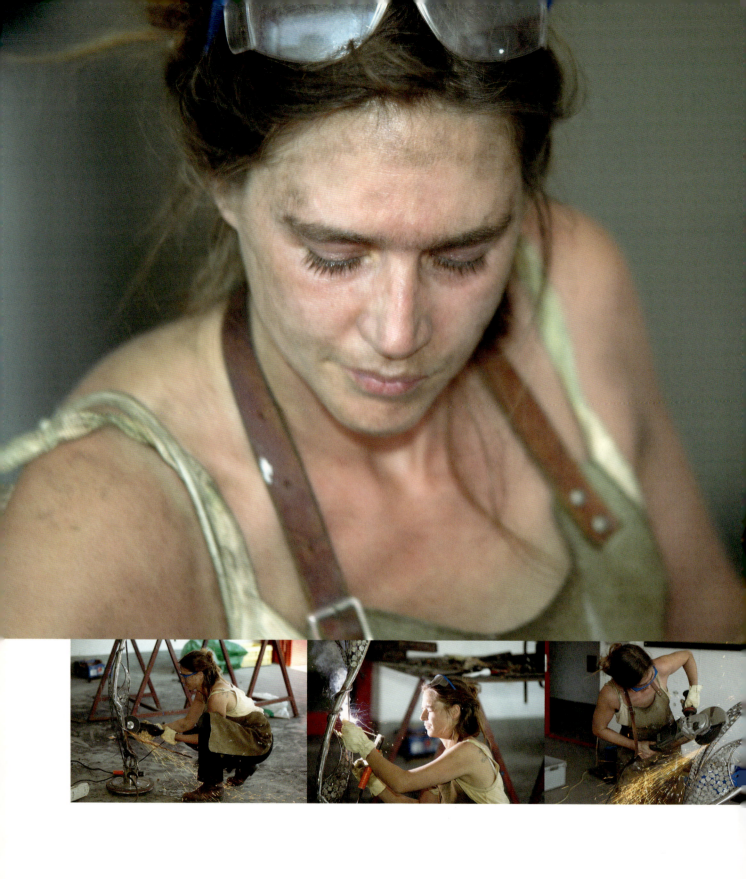

Der Arbeitskreis Kultur.

Ein Akku, das ist ein Speicher für elektrische Energie. Er besteht meist aus mehreren, wiederaufladbaren Sekundär-Zellen, die zur Erhöhung der Gesamtspannung in Reihe geschaltet sind.
Im Falle Abstatts ist der Akku, wie sich der Arbeitskreis für Kultur nennt, ein Speicher für kulturelle Energie. Und die wiederaufladbaren Sekundärzellen, die hier in Reihe geschaltet werden, sind kulturelle Veranstaltungen: Konzerte, Ausstellungen, Lesungen, Theater, Kabarett. Sorgfältig aufs Jahr verteilt, zur gleichmäßigen Abgabe, beziehungsweise Aufnahme kultureller Energie. Damit die Spannung nicht nachlässt und auch so genannte „netzferne" Verbraucher erreicht, achtet man nicht nur auf eine gute Mischung, sondern auch und besonders auf Qualität. Und so kommt es, dass die Veranstaltungen, die hier organisiert werden, im ganzen Landkreis und über ihn hinaus Beachtung finden und dass sich das Rathaus für bildende Künstler zu einem begehrten Ausstellungsort entwickelt hat.

Sozusagen als Ladegerät fungieren Abstatter Bürger, die Interesse am kulturellen Leben im Ort haben und sich, im lockeren Zusammenschluss, etwa einmal im Monat treffen. Derzeit sind es 19. Der Akku wurde Anfang des Jahres 1999 ins Leben gerufen. Er setzt die „Abstatter Konzertreihe" fort, die von der Schule für Musik und kreatives Gestalten organisiert und finanziert wurde und Ende 1998 aus finanziellen Gründen außer Stande war, die Konzertreihe weiterzuführen.

„Begegnung vor Ort": Laetitia Lavieville, die geniale Bildhauerin aus Léhon, der Partnergemeinde von Abstatt. Im Juli 2007 schuf sie in Abstatt im öffentlichen Raum ein Kunstwerk und lud ein zum lebendigen Gespräch über Kunst. Eine spektakuläre Aktion, organisiert und betreut vom Akku.

Wir haben einen Bildungsauftrag.
Die VHS Unterland in Abstatt.

Antonette Cassanelli

Die Familie steht im Vordergrund der Arbeit von Antonette Cassanelli, Leiterin der VHS Unterland in Abstatt. Da das kulturelle Angebot durch den Akku und die vielen Vereine gut bedient wird und die musikalische Bildung durch die Musikschule abgedeckt ist, konzentriert sie sich auf Fortbildungen, die sich mit pädagogischen Fragen beschäftigen: Die Pubertät, das Trotzalter, das Lernen. Die VHS führt auch Kooperationsveranstaltungen mit der Grundschule, den Kindergärten, dem Akku, Heimatmuseum und Bücherei durch. Außerdem liegt der ausgebildeten Fitnesstrainerin der Gesundheits- und Sportbereich am Herzen. Im effektiven Lernen in Klein- und in Kleinstgruppen sieht sie einen wichtigen Aspekt und einen großen Vorteil der VHS-Arbeit.
„Wir haben einen Bildungsauftrag", sagt sie. „Und den nehmen wir ernst."

Dazu gehört die sorgfältige Auswahl der Dozenten ebenso wie die Organisation geeigneter Räume. Die hat sie. In der Wildeckhalle, im Vereinszentrum in der Goldschmiedstraße, in der Alten Schule in Happenbach und im neuen Familienzentrum FiZ in der Ortsmitte. In Zukunft ist auch geplant, den neuen Bürgerpark zu nutzen. Auf Wunsch organisiert die VHS Unterland auch Fortbildungen für Firmen. Sei es im Bereich Sprachen, Gesundheitsförderung oder Mitarbeiterführung. „Das wissen wenige", sagt die Außenstellenleiterin, die die Abstatter immer wieder mit besonderen Angeboten überrascht.

Einradfahren war der Renner des Semesters. Und ein Exot unter den Kursen ist RESET, eine Schulung gegen Kieferverspannungen und Zähneknirschen, die immer wieder zustande kommt. „Das ist es, was die Leute lieben", sagt sie, „diese ganz speziellen Sachen. Und wo sonst außer bei der VHS gibt es ein so breit gefächertes und qualitativ hochwertiges Angebot zu bezahlbaren Preisen?"

Bücherwürmer sind kein Ungeziefer.
Die Mediathek.

Die neuen Räume der Mediathek im FiZ.

WAS DIE BÜCHEREI IN ABSTATT ALLES HAT:

1100 Leser. 8000 Medien und einen großzügigen Etat. Zwei Mitarbeiterinnen: Barbara Dietz und Eveline Storka. Zwei Öffnungstage: Dienstag und Donnerstag. Zwei lichtdurchflutete Ebenen: Eine oben und eine unten. Sie hat eine funkelnagelneue Unterkunft. Gebäude, Regale, Sitzinseln, Theke, alles, alles neu. Und sie hat einen funkelnagelneuen Namen: Sie heißt jetzt Mediathek.
Sie hat eine elektronische Verbuchung, ein Mahnwesen, ein Telefon und eine überarbeitete Benutzerordnung. Sie hat ein offenes Ohr. Das leiht sie besonders gern den Kindern.
Sie hat Landhauskrimis, Regionalkrimis, Katzenkrimis. Sie hat den neuen Mankell. Sie hat historische Romane, Entwicklungsromane, Fantasy-Romane. Sie hat alle „Was ist was?", alle Harry Potter und alles von den Kindern aus Bullerbü. Und noch so manches, was richtig gut ist, obwohl (oder weil) es nicht auf den Bestsellerlisten steht. Sie hat eine generalüberholte Spieleabteilung und außerdem diese „digitalen, vielseitigen Scheiben", DVDs, und diese kompakten, kleinen Scheiben, CDs.
Und dann hat sie noch auffällig viel, in dem das Wort Lesen vorkommt: Lesungen, Lesenächte, Leseecken, Leserausweise.

WAS DIE BÜCHEREI IN ABSTATT ALLES WILL:

Natürlich hat eine Bücherei auch ihre Bedürfnisse. Sie will so kundenfreundlich sein, wie möglich. Sie will aktuell sein. Sie will, dass ihre Leser hier Zeit und Stunde vergessen. Sie will, dass die Ausleihzahlen steigen. Tun sie auch. Sie will, dass auch die Happenbacher kommen. Tun sie auch. Sie will, dass die Leser die Medien wieder zurückbringen.
Sie will noch etwas, nämlich den Lesenerv der Kinder treffen. Aber – und da kann man wirklich fragen, wen man will – das tut ihnen tatsächlich kein bisschen weh.

WAS DIE BÜCHEREI IN ABSTATT ALLES NICHT HAT:

Sie hat keine integrierte Metzgerei. Sie verleiht keine Fallschirme. Sie hat auffällig vieles nicht, in dem das Wort Lesen vorkommt: Lesebrillen, Weinlesen, Leserreisen, Laserstrahlen.
Ganz entschieden sei an dieser Stelle dem Vorwurf widersprochen, dass sie Fallen für Leseratten aufstelle. Tut sie nicht! Sie setzt auch keine Pheromonfallen ein. Nicht gegen die Larven des Apfelwicklers und erst recht nicht gegen die Bücherwürmer. Bücherwürmer sind kein Ungeziefer! Und Leseratten verbreiten keine ansteckenden Krankheiten!

Sie hat übrigens noch etwas nicht, was die meisten Büchereien und Media- und Mediotheken landauf, landab selbstverständlich und schon lange eingeführt haben: Sie hat immer noch keine Jahresgebühr. Alles ist neu. Die Ausleihe aber ist und bleibt kostenlos. (Ausnahme: DVDs.)

Die Rälling-Bühne:
"Nahogge, uffg'regt sei, nach vorna gugga, fertigmache zum Batsche."

Drei Schauspieler der Rälling-Bühne: Franco Profeta, Silvia Häfner und Nina Gaubisch. (von links nach rechts)

Es gibt örtliche Vereine, die eine starke Außenwirkung entwickeln und eine Art Aushängeschild einer Gemeinde werden können. Dafür ist die Abstatter Rälling-Bühne ein gutes Beispiel. Ihre Anfänge lassen sich bis in die 20er Jahre zurückverfolgen; sie fußen in der Tradition, Theaterstücke bei Vereinsfeiern vorzuführen, die sich mit jährlichen Aufführungen in den Gasthäusern „Waldhorn" und „Ritter" fortsetzte. Die alte Gemeindehalle und die Wildeckhalle sind weitere Spielorte und Stationen der Geschichte des Theaters.

Als im Jahr 1991 die ehemalige Möbelfabrik Gscheidle zu einem Vereinsheim umgebaut wurde, integrierte man eine mobile Bühne in die angebaute Schulsporthalle und schaffte räumliche Voraussetzungen, die es der Truppe möglich machten, ihre Theaterarbeit zu intensivieren. Damit schlug die Geburtsstunde der Rälling-Bühne. So nennen sich seither die Theatermenschen, die 1992 innerhalb des TGVs eine eigene Abteilung gründeten. Mittlerweile probt die Bühne im Bauhof im eigenen Vereinsraum, den sie in Eigenleistung erstellt hat. Derzeit zählt sie 42 Mitglieder. Ihr Abteilungsleiter ist Oliver Schwarz, ihr Spielleiter Uwe Petruschka und ihr Logo ein angriffslustiger, gewitzter Rälling. Die Plakate, gestaltet von Ulrike Lüllwitz, mit denen die Bühne ihre Aufführungen ankündigt, haben so viel Stil, dass sie wahrscheinlich inzwischen Sammlerwert besitzen. Die Kulissen malt und tapeziert Alfred Walter. Schon immer.

Ein Laientheater, das den Eindruck eines straff geführten Unternehmens vermittelt. Die Organisation der Aufführungen ist geradezu professionell. Angefangen bei der Bewirtung durch Vereinskollegen der Abteilungen Gesang und Handball, bis zu den roten Stuhlkissen, die es den Zuschauern bequemer machen, ihre Aufführungen zu verfolgen, die bis zu dreieinhalb Stunden dauern. Es heißt sogar, die Kissen seien mit Katzenstreu gefüllt. „Für die, die sich's vor lauter Lachen nicht verheben können."

Die Qualität der Darbietungen bewegt sich auf einem erstaunlichen Niveau. Und weil sich so etwas schnell herumspricht, ist die Rälling-Bühne mittlerweile mit 9 Vorstellungen pro Saison dabei, die über 3000 Zuschauer anziehen. Diese genießen ein Boulevardkomödien-Theater, das immer heiter, aber nie platt ist. Mit raschen, spritzigen Dialogen, erstaunlich begabten Darstellern, unter erfahrener Regie, mit liebevollem Bühnenbild, perfekter Beleuchtung und Beschallung. Mit viel Witz und großer Freundlichkeit und ansteckender Begeisterung für das Theaterspiel.

Ein Blick hinter die Kulissen der Rälling-Bühne: „Ein Schlüssel für zwei" lautete der Titel der Boulevardkomödie, die sie Anfang des Jahres 2008 aufführten.

Städtepartnerschaft:
„Bonjour Madame. Bonjour Monsieur."

„Les Gourganes" mit bretonischen Tänzen und Weisen bei der Bürgerparkeröffnung.

„Schon von weitem sah der Bürgermeister, dass vor dem Rathausbrunnen vier elegant gekleidete Personen standen. Das konnten nur die französischen Gäste sein …": In einer Zeit, da viele deutsche und französische Gemeinden partnerschaftliche Kontakte aufbauten, beginnt auch die Geschichte der Freundschaft zwischen Abstatt und Léhon. Und mit eben diesem Besuch der eleganten Delegation aus der Bretagne, am 28. Juni 1980, die bass erstaunt war, dass es in der zukünftigen Gemeinde üblich sei, dass der Bürgermeister mit dem Fahrrad zum Rathaus fuhr. Im Mai 1981 wurde diese Partnerschaft urkundlich besiegelt und bietet den beiden Gemeinden seither die Chance freundschaftlicher, deutsch-französischer Begegnungen. Den Abstattern gibt sie die Möglichkeit, eine intensive Beziehung zu einer Region aufzubauen, die zu den schönsten Europas gehört: die Bretagne.

Westliches Silberlicht, graues Granitgestein, Hortensien, mittelalterliche Gassen, bretonische Musik, malerische Küsten. Und das Meer. Das Meer!
Auch auf Kinder und Jugendliche verfehlt der Zauber der Bretagne nicht seine Wirkung: „Irgendwie fühle ich mich magisch angezogen", schreibt die damals 13-jährige Corinna in der Partnerschaftsbroschüre zum 25. Jubiläum der Jumelage. Über den Verein war sie bereits vier Mal in Léhon gewesen, jedes Mal besuchte sie auch die Felsen- und Klosterinsel Mont St. Michel, eine Fahrstunde von Léhon entfernt: „Die alten Mauern und das Kloster mit dem Erzengel Michael an der Spitze sind einfach wundervoll."

„La Bretagne": Das ist ein Zauberwort. Das ist Poesie pur. Das ist für manche Abstatter das Synonym für glückliche Sommerferien. Sich auf die Bretagne und ihre so überaus liebenswürdigen Menschen einzulassen ist eine Bereicherung des Lebens, ein ganz besonderes Glück. Allein wegen dieses direkten Bezugs, diesem kurzen Draht zu einem Sehnsuchtsland kann man die Abstatter nur beneiden. „Wer einmal dort war, versteht mich", schreibt Corinna.

Man weiß um die Kostbarkeit und man pflegt sie. Auf beiden Seiten. Und so kann jede neue Generation, die in Abstatt heranwächst, auf den Klippen von Mont St. Michel herumklettern, Korsarengeschichten aus Saint-Malo hören, selbstverständlich Dinard und Dinan auseinander halten, ein Interesse für die französische Sprache und ihre besondere Schönheit entwickeln, offene und geschlossene Nasale trainieren, sich am Ufer der Rance im Träumen üben und sich erste Gedanken über Europa machen, über seine Geschichte, seine Schönheit, seine Vielfalt.

Besuche und Gegenbesuche, regelmäßige Gruppenreisen von deutschen und französischen Schülern, die organisiert, begleitet und betreut werden, die selbstverständliche Beteiligung der Partnergemeinden bei besonderen Anlässen und Festivitäten: Der Aufwand, den die Menschen leisten, die Partnerschaft mit Leben füllen, ist erheblich, beansprucht eine Menge Zeit und Einsatz. Den Vorstand in Abstatt bilden derzeit Georg Schmitz und Thomas Godratschke.

Der Lohn für das Engagement sind die tiefen Freundschaften, die sich seither gebildet haben und die immer wieder nachwachsen. Der lebhafte Kontakt, der seit über 25 Jahren gepflegt und weitergegeben wird, an Kinder und Jugendliche, die, inzwischen per Internet und ohne sich dessen wahrscheinlich bewusst zu sein, ihren Beitrag leisten „à un avenir meilleur au sein d'une Europe unie", wie es in der Gründungsurkunde heißt: „zur Sicherung einer guten Zukunft in einem geeinten Europa".

„Man kennt sich und man steht zusammen."
Vereinsleben in Abstatt.

„Die hiesige Schuljugend, der Liederkranz mit seiner Fahne und die bürgerlichen Kollegien gingen den heimkehrenden Kriegern entgegen", heißt es in der Abstatter Chronik. Eine Anmerkung zur Geschichte des Liederkranzes, die sich auf den 25. Juli 1871 bezieht. Und die deutlich macht, dass sich in der Geschichte der Vereine, besonders wenn es sich um einen

so alten und traditionsreichen, wie den TGV Eintracht Abstatt 1842 e.V. handelt, immer auch Ortsgeschichte darstellt. Und dass diese wiederum ein Stück deutsche, beziehungsweise Weltgeschichte spiegelt.

1952 haben sich der Liederkranz und der Turnverein zum Turn- und Gesangverein zusammengeschlossen, dem heutigen TGV. Der Liederkranz war bereits 1842 ins Leben gerufen worden. Die Gründungsversammlung des Turnvereins erfolgte 1908. Er sollte dem Zweck dienen, „das deutsche Turnen zu pflegen und die jungen Leute von Abstatt zu tüchtigen Männern heranzubilden."

Eines der Bilder in der Abstatter Chronik zeigt ein Foto von der „ersten erfolgreichen Riege beim Gauturnfest 1913". Ob da wohl der ein oder andere Großvater eines heutigen Abteilungsleiters des TGV dabei ist? Ob diese jungen, hoffnungsvollen Männer wohl alle den Ersten Weltkrieg überlebt haben? Und ihre Söhne? Wie erging es denen im Zweiten Weltkrieg?

Am liebsten würde man die Lupe nehmen, um sich alle genau anzuschauen, die dann 1951 den Liederkranz und den Turnverein bildeten und vor dem Rathaus für den Fotografen posierten. Frauen in schönen, langen, weißen Kleidern. Männer mit Schlips und Kragen.

Manchen, denen die Schrecken des überwundenen Krieges noch immer ins Gesicht geschrieben stehen. Andere strahlen Sicherheit und Zuversicht aus.

Jedes Gesicht steht für eine persönliche Geschichte und für die Geschichte einer Familie. Alle zusammen stehen für eine der Gemeinschaften, die hier über die Jahrzehnte ihre Interessen pflegten und vertraten, dem Bedürfnis nach Gemeinschaft und Geselligkeit nachgingen und die Gemeinde mitgestalteten und mitbestimmten, jede auf seine Weise.

Heute gibt es in Abstatt 45 Vereine. Einige arbeiten unter dem Dach großer, überregionaler Vereinigungen, wie der CVJM oder das Deutsche Rote Kreuz. Einige Vereine haben zahlreiche Abteilungen und Unterabteilungen. Alle gemeinsam bilden eine bemerkenswerte Vielfalt ab und zeigen, wie intensiv und wie viele Menschen hier sportlich aktiv sind, Musik machen, Theater spielen, sich kreativ und karitativ und im Dienste des Gemeinwohls betätigen. Viele Vereine zeichnen sich durch ein besonderes Engagement für die Jugend aus und gehören, neben den staatlichen Institutionen Schule und Kindergarten, zu den wichtigsten gesellschaftlichen Bildungsstätten. Ob im Orchester, in der christlichen Jugendfreizeit oder in der Jugendmannschaft: Neben der Ausbildung und Förderung ihrer Talente werden Kinder und Jugendliche eingebunden ins dörfliche Miteinander, lernen Demokratie, Solidarität und Sozialverhalten.

VEREINE IM UMBRUCH.

„Das Eröffnungsfest im Bürgerpark hat gezeigt, wie eng die Vereine in Abstatt beieinander stehen", sagt Dietmar Dietz. Gemeinsam mit Marcus Rieschl hat er den Vorsitz im TGV, mit seinen 1200 Mitgliedern der größte Verein der Gemeinde Abstatt.

„Mehr ältere Menschen, weniger Kinder und eine nachlassende Einsatzbereitschaft", so umreißt Dietmar Dietz die Situation und damit auch die Probleme der Vereine landauf, landab. „Das ist die gesellschaftliche Situation. Und darauf müssen die Vereine reagieren."
Die Vereine reagieren auf vielfältige Weise. Zum einen, in dem sie

„beieinander stehen", wenn es gilt, größere Anstrengungen zu bewältigen. Wie zum Beispiel die Eröffnung des Bürgerparks. „Die drei Gastronomen, die die Bewirtung übernommen haben, sind auf die Vereine zugegangen und haben um Hilfe gebeten. Ob TGV, SC, HGV, OGV – alle haben zugepackt. Das ist das Schöne am Bürgerpark, dass er die Leute zusammengeholt hat."

Zum einen also eine zunehmende Kooperationsbereitschaft, nicht nur unter den Vereinen, sondern auch mit anderen Bildungsträgern, Institutionen, mit der Gemeinde, mit Firmen.

Ein weiterer Schwerpunkt, den der TGV mit vielen Vereinen gemeinsam hat, ist die Intensivierung der Jugendarbeit. So hat er zum

Beispiel einen Ausschuss gegründet, der sich übergreifend um die Jugendlichen aller Abteilungen im Verein kümmert.

„Man kann nicht sagen: Die Jugendlichen machen nichts. Die Vereine müssen attraktive Angebote für sie bereitstellen", sagt Dietmar Dietz. Ein Beispiel aus dem TGV ist das Inline-Hockey und der wiederbelebte Jazzdance.

„Im Verein sind die Jugendlichen gut aufgehoben. Er gibt ihnen Halt. Er gibt ihnen etwas, was sie gerne tun. Im Miteinander stärken sie ihre Teamfähigkeit. Diese Verantwortung spürt der einzelne Übungsleiter nicht unbedingt. Aber er hat sie. Ob er will oder nicht." (Dietmar Dietz)

Auch das Land und die Gemeinde sind sich dieser Verantwortung bewusst. So wurde zum Beispiel die Übungsleiterpauschale nach oben gesetzt.

„DAS BESONDERE AM TGV IST SEINE VIELFALT."

Wandern, Singen, Handball, Gymnastik, Freizeitsport, Volleyball, Theater, Tanzen, Kinderturnen, Tischtennis – der TGV hat ein sehr breit gefächertes Angebot. „Der Vorteil: ein starker Verein, der vieles abdeckt. Der Nachteil: Eine Zergliederung in Abteilungen und Unterabteilungen." Umso wichtiger eine Vereinsleitung, bei der die

Fäden zusammenlaufen, die den Überblick hat, die Konzepte formuliert und Ziele. Die Hauptsorge des TGV ist die Kapazität der Räumlichkeiten: „Wir wünschen uns eine neue Halle."

GRUNDSÄTZLICH EIN GEMEINSAMES INTERESSE.

„Wir haben ein grundsätzliches gemeinsames Interesse, nämlich, dass sich die Menschen bewegen", sagt Dietmar Dietz. „Und das heißt nicht unbedingt, gegen irgendeinen Ball zu treten oder zu schlagen. Und wir haben eine gemeinsame Herausforderung: Das ist die Zukunft."

> *„Fast jeder dritte Abstatter ist im TGV oder im SC organisiert."*

„Wir verändern uns gerade sehr", sagt auch Walter Sammet, Vorstand des Sportclubs, der zweite große Sportverein in Abstatt. 1977 hat sich die Abteilung Fußball vom TGV

gelöst und sich als SC selbstständig gemacht. Auch er hat also seine Wurzeln im Liederkranz von 1842. Der SC zählt 370 aktive Mitglieder und unterhält am Sportplatz ein eigenes Vereinsheim mit einer Gaststätte. Derzeit verzeichnet der Verein starken Zulauf. Das liegt zum einen daran, dass sich der Stellenwert des Fußballsports seit dem „Sommermärchen" im Jahr 2006 und der EM 2008 verändert hat. Zum anderen aber profitiert der SC sehr vom Dietmar-Hopp-Jugendförderzentrum, das Anfang 2008 in Abstatt eingerichtet wurde und mit „Anpfiff ins Leben" optimale Jugendförderung betreibt. „Anpfiff ins Leben", mit den 4 Säulen Soziales, Schule, Beruf und Sport, ist das Leitbild ganzheitlicher Nachwuchsförderung.
Mit „Anpfiff ins Leben" wird ein Konzept umgesetzt, das mehr bedeutet als Ballgeschick und Tore schießen.
Und ganz wichtig, das Förderzentrum steht allen Abstatter Jugendlichen sowie den Kooperationspartnern offen.

„Wir haben uns nicht vorgestellt, dass das Zentrum so einschlägt", sagt Walter Sammet. Die Ballschule und das Fußballspiel bilden einen Schwerpunkt der Arbeit im Bildungszentrum für Kinder und Jugendliche. Das hat sich herumgesprochen. Der SC verzeichnet zahlreiche Neuzugänge auch aus den Nachbargemeinden.
Um den Nachwuchs muss sich der SC nicht sorgen. Sein Ziel ist, diesen, gemeinsam mit der Ballschule, optimal auszubilden. „Im Aktivenbereich wollen wir wieder in die Bezirksliga ", sagt Walter Sammet.

Ballkünstler Emre Aslan zeigt, was man in der Ballschule lernen kann.

„Anpfiff ins Leben."

„Wir Reichen müssen uns unserer sozialen Verantwortung stellen", sagt Dietmar Hopp. Er war die treibende Kraft beim Aufbau des Softwarekonzerns SAP; er gilt als der erfolgreichste deutsche Unternehmer der vergangenen dreißig Jahre und als einer der reichsten Männer der Welt. Einen Großteil seines Vermögens steckte er in die gemeinnützige Dietmar-Hopp-Stiftung, eine der größten Europas. Ihr Ziel: Sport, Medizin, Bildung und soziale Einrichtungen zu fördern. „Die Jugendlichen stark machen und auf die vielfältigen Aufgaben der Zukunft vorbereiten" hat sich ein Projekt der Stiftung zur Aufgabe gemacht: „Anpfiff ins Leben". Fünf Jugendförderstützpunkte wurden bisher im Zuge dieses Projekts aufgebaut. Einer davon befindet sich in Abstatt. Er wurde, Anfang des Jahres 2008, im ehemaligen Wohnhaus der Fabrikantenfamilie Gscheidle eingerichtet.

Eröffnung des Dietmar-Hopp-Jugendförderstützpunkts im Mai 2008 mit Anton Nagel.

Herbert Röhrich

„In jedem alten Menschen steckt ein junger, der sich wundert was mit ihm passiert ist."

(Terry Prattchet)

Haus Fridericke

„Mit der Zunahme alter Menschen an der Gesamtgesellschaft ist insbesondere eine Zunahme des Anteils der Hochaltrigen verbunden. Den wenigsten ist bislang bewusst, dass diese Gruppe der Altenbevölkerung sogar überproportional zunimmt. Die Gesellschaft wird sich darauf einstellen müssen, dass es in naher Zukunft eher die Regel als die Ausnahme sein wird, dass Menschen älter als 80 Jahre werden … Ziel muss es sein, das Phänomen der Hochaltrigkeit weder als gesellschaftliche Belastung noch als individuelle Bedrohung zu empfinden.

Eine besondere Herausforderung sieht die Bundesregierung darin, einer direkten oder indirekten Benachteiligung und Ausgrenzung Hochaltriger entschieden entgegenzuwirken. Dieses Schutzes bedürfen besonders diejenigen alten Menschen, die aufgrund physischer und psychischer Einschränkungen nicht mehr in der Lage sind, ihre eigenen Interessen zu vertreten …

In unserer Bevölkerung gibt es kaum eine Altersgruppe, die so differenziert, so heterogen und so stark im Umbruch begriffen ist wie die der Älteren. Ältere und auch sehr alte Menschen verfügen über erstaunliche Kompetenzen zur Problembewältigung und vermögen mit Unterstützung durch geeignete Maßnahmen ein hohes Maß an Autonomie, an Lebensqualität und an Lebenszufriedenheit zu bewahren …"

Aus: Vierter Bericht zur Lage der älteren Generation in der Bundesrepublik Deutschland mit Stellungnahme der Bundesregierung, 2002.

„Wir legen großen Wert darauf, dass sich die Menschen bei uns wohl fühlen. Zuwendung ist sehr wichtig. Und Zeit."

Reinhold Klein, Pflegedienstleiter im Seniorenlandhaus Fridericke.

Seit Ende des Jahres 2004 gibt es in Abstatt das Alten- und Pflegeheim Seniorenlandhaus Fridericke. Derzeit werden hier 35 pflegebedürftige Menschen aus Abstatt und seiner näheren Umgebung von 20 Mitarbeiterinnen und Mitarbeitern in der Pflege betreut.

LANDWIRTSCHAFT UND WEINBAU.

Weites Land.

Susanne Krafft bei der Kartoffelernte.

Gemischtbetrieb im Vollerwerb.

Familie Krafft führt den einzigen landwirtschaftlichen Vollerwerbsbetrieb im Ort, der sich nicht auf den Weinbau spezialisiert hat.

Er kam und er blieb.

Irgendwann so um die Mitte des 19. Jahrhunderts, hat ein Höpfigheimer Bauer beim Bauern Klemm in Abstatt ein Gespann von Zugochsen gekauft. Als er die beiden Tiere holen wollte – und natürlich ging's zu Fuß von Höpfigheim nach Abstatt und auch wieder zurück und Ochsen können ganz schön störrisch sein – da hat er zum Nachbarssohn gesagt: „So, du kommst mit und hilfst mir, die Ochsen heimzubringen. Es sind auch zwei Mädle da."

Natürlich hat sich dieser junge Mann in eins der beiden Mädle vom Bauern Klemm prompt verliebt, heiratete sie, wurde Gutshofaufseher in Vohenlohe und Gemeindepfleger. Seither gibt es in der Gemeinde den Namen Krafft. Emil Krafft, geboren 1927, ist der Urenkel des jungen Mannes, der einst aufbrach, um aus Abstatt Ochsen zu holen.

Als Emil Krafft 65 Jahre alt wurde, hat er seinen Hof in der Untergruppenbacher Straße dem jüngsten seiner vier Söhne überschrieben. Jürgen Krafft ist der einzige Landwirt des Ortes, der noch einen Vollerwerbsbetrieb leitet, der sich nicht auf Weinbau spezialisiert hat. Nur fünf der etwa 70 Hektar tragen Rebstöcke. Ihre Erträge liefert er in der Weingärtnergenossenschaft Ilsfeld ab.

„Strohschwad" nennt man die Bahnen aus Stroh, die der Mähdrescher auf dem Feld hinterlässt. Sie werden von der Rundballenpresse aufgenommen und geformt. Die großen runden Strohballen bilden ein charakteristisches Landschaftsmerkmal im Spätsommer.

Etwas wie Wehmut.

Er baut Weizen an, Raps, Braugerste, Mais, Rüben und Kartoffeln. Die Kartoffeln sind vornehmlich für den Hofladen bestimmt, den die Familie seit 2004 unterhält und in dem sie, neben eigenen Erzeugnissen, auch die von Kollegen aus der Region anbieten. Obst, Gemüse, Eier, Honig, Wein. Das „Bauernlädle" wird gut angenommen, besonders von jungen Familien. Ein landwirtschaftlicher Betrieb dieses Zuschnitts braucht eine gewisse Anbaufläche. Doch Flächen seien auf der Gemarkung merklich knapper geworden, stellt Jürgen Krafft fest.

Auch bei Kraffts sind die Ställe inzwischen leer. Es gibt zwar ein Pferd für die Tochter. Und Gänse, Ziegen, Katzen, Hasen, aber die Tierhaltung ist zum Hobby geworden. „1954 gab es noch 60 Milchablieferer in Abstatt", erinnert sich Emil Krafft. „Heute gibt es keinen mehr. Viele der Betriebe sind gar nicht mehr da."

Ein leerer Stall vermittelt ein merkwürdiges Gefühl. Etwas wie Wehmut. „Aber das ist die Entwicklung", sagt Jürgen Krafft. „Und der gesunde Menschenverstand sagt, dass es eine Entwicklung geben muss. Man muss sich darauf einstellen und damit umgehen."

Karl Eberle, Jahrgang 30.

Karl Eberle als „jongr Kerle".

Sowohl mütterlicher- als auch väterlicherseits ist Karl Eberle in Abstatt verwurzelt. Der Stammbaum der Familie lässt sich bis ins frühe 18. Jahrhundert zurückverfolgen und das Haus in der Benzengasse, in dem er geboren wurde und nach wie vor wohnt, ist seit Generationen im Besitz der Familie; es ist eines der ältesten Abstatts.
Als er 1930 geboren wurde, haben ihm seine Eltern zwei Vornamen gegeben: Karl und Wilhelm. Das sind die Namen der Brüder des Vaters; beide fielen im Ersten Weltkrieg.

„Früher haben zwei Familien von dem Hof gelebt" erzählt Karl Eberle. Auch er ist Landwirt gewesen. „Einer der schwersten Berufe, die es gibt. Und ein sehr vielseitiger", sagt er. Seinen Kindern aber hat er nicht mehr empfehlen können, diesen Beruf zu ergreifen. Jetzt ist der Betrieb ein so genannter „abgängiger Hof".

Der Stall, einst nach neuesten Erkenntnissen in der Tierzucht gebaut, ist leer. Zahlreiche Plaketten an seiner Tür zeugen noch immer von den Erfolgen Karl Eberles als aktiver Herdbuchzüchter. „Schwäbisches Höhenfleckvieh. Braunweiß. Rot-weiß. Das Jungvieh stand auf der Weide. Eines hatte eine Glocke um den Hals", sagt er. Immer standen zwei Zuchtbullen in seinem Stall. Um den Gemeindebullen hat er sich gekümmert. Man meint ihre Anwesenheit hier noch immer zu spüren: die Wärme ihrer massigen Körper, ihre schweren Köpfe mit den ausdrucksvollen Augen. Man riecht das frische Stroh, hört ihre eindringlichen Rufe. Und man bewundert im Stillen die Courage des Landwirts, der mit seinen Tieren, abends, wenn die Arbeit auf dem Feld getan war, spazieren ging, um ihnen Bewegung zu verschaffen. Einen Zuchtbullen an der Leine zu führen, das ist schon etwas anderes, als mit einem Rehpinscher Gassi zu gehen.

Den ersten Schlepper, gleich nach dem Krieg, den hat Karl Eberle gehabt. „Einen grünen Elfer-Deutz". Mit dem ist er gemeinsam mit dem damaligen Pfarrer Berner nach Stuttgart gefahren, auf der teilweise noch immer zerstörten Autobahn. Damals war das eine Tagestour. „Der Pfarrer hat auf dem Kotflügel gesessen", erinnert sich Karl Eberle. Grund der strapaziösen Reise: Die neue Kirchenglocke musste abgeholt werden. „1946/47 ist sie gegossen worden." Und apropos: Autobahn. Er kann sich noch erinnern, wie sie gebaut wurde. „Die Bauernschaft hat dabei gelitten. Sie musste die Zerstückelung ihrer Felder akzeptieren."

Der Blick Karl Eberles reicht weit zurück, erfasst den ganzen Entwicklungsprozess der Gemeinde vom reinen Bauerndorf zum Industriestandort. Ein interessanter Blick aus der Perspektive eines Mannes, der sich für seinen Berufsstand stark engagierte. 25 Jahre lang, bis 1995, war Karl Eberle Obmann im Landwirtschaftlichen Ortsverein. „Man muss den Menschen klaren Wein einschenken", sagt er, als jemand, der nach wie vor das offene Wort pflegt und zu seiner Haltung steht.

„Ein Jahr voll Sonne ..."

„Es ist immer wieder von neuem eine Herausforderung, aus einem Jahrgang etwas Besonderes zu machen."

(Matthias Härle)

„Ein Jahr voll Sonne und etwas Regen, da hätte keiner, keiner was dagegen" – und ein Weingärtner schon mal gar nicht. Ergebnisse von Sonnenjahren werden auf dem Weingut Härle in der Heinrieter Straße allerdings nicht nur in Flaschen abgefüllt. Seit einiger Zeit werden sie hier auch in Form volkstümlicher Lieder weitergegeben. Matthias Härle ist eine gewisse Ähnlichkeit mit Hansi Hinterseer eigen. Und eine gehörige Portion Musikalität, die bereits der Urgroßvater bewies und die in der Familie von Generation zu Generation weitergegeben und gepflegt wird. Und weil Bekannte und Freunde fanden, dass er daraus unbedingt was machen sollte, kommen die Gäste mittlerweile nicht nur wegen der gepflegten und prämierten Weine und dem Kräutersteak in die Besenwirtschaft der Härles. Sie kommen auch, um „Matthias H." singen zu hören. Zwei CDs hat er inzwischen veröffentlicht. Sein Fan-Kreis wächst.

Singen ist ihm Hobby. Seine Berufung aber ist ihm sein Beruf. Vor mehr als zehn Jahren löste sich der Weinküfermeister von der Weingärtnergenossenschaft und machte sich selbstständig. „Das war der richtige Schritt", sagt Matthias Härle rückblickend. „Und dass ich auf dem richtigen Weg bin, zeigen die Auszeichnungen, die ich jedes Jahr in der Landesweinprämierung von Baden-Württemberg erziele." Er bewirtschaftet etwa acht Hektar. Steil- und Hanglagen: „Abstatter Burgberg" und „Heinrieter Sommerberg". Ob Riesling, Trollinger, Spätburgunder, Samtrot, Schwarzriesling, Lemberger, Kerner, Muskattrollinger, Grauburgunder, Dornfelder oder Traminer: Matthias Härle setzt auf umweltschonenden Weinbau, auf naturbelassene Weine. „So wie der Wein im Weinberg wächst, so wird er auch gelesen. Und deshalb schmeckt jeder Jahrgang anders."

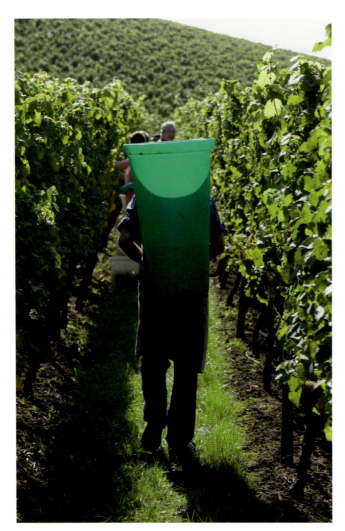

Drei Generatio[nen] unter einem Da[ch]: Das Weingut H[ärle] ist ein Traditio[ns-] und Famil[ien-] betr[ieb].

Weinlese in Happenbach.

Familie Klemm

Familie Nothdurft bei der Spätburgunderlese.

Rieslinglese bei Rosenbergers.

Heiko Wangler

Heinrich Wangler

Harmonie zwischen Tradition und technischem Fortschritt: Die Weinkellerei Wangler.

Auffallend viele Betriebe der Gemeinde Abstatt wurden in den 30er Jahren des vorigen Jahrhunderts gegründet, blieben in Familienbesitz und werden inzwischen von der dritten Generation geführt. So auch das Weingut Wangler. Die erste und älteste Weinkellerei in Abstatt wurde 1938 von Eugen Wangler als Großlagerfassbau gegründet, entwickelte sich unter der Leitung des Sohnes Heinrich zum Weinbaubetrieb und liegt inzwischen in den Händen von Heiko Wangler, der als Küfer, Kellermeister und Weinbautechniker auch Erfahrungen in Kalifornien, Südafrika und Kanada sammelte.

Umfangreich, das Sortiment des jungen Winzers, der neue Ideen und frischen Schwung ins Weinsegment bringen will. Zu den besonderen Angeboten der Weinkellerei gehört zum Beispiel der Cabernet Mitos, der zwei Jahre lang im Barrique-Fass reift. Ein Tropfen, der bei der großen, internationalen Prämierung Mundus Vini mit Gold ausgezeichnet wurde.

Eine weitere Kostbarkeit der Weinkellerei ist handgerüttelter Sekt: Durchgegorener Weißwein, chaptalisiert und mit Champagner-Hefe angereichert, wird in Flaschen abgefüllt und lagert weitere neun Monate. Dann werden die Flaschen in ein Rüttelpult gesteckt, wo jede einzelne, mindestens zwei Mal pro Tag, gerüttelt, beziehungsweise gedreht und immer steiler gestellt wird, damit die Hefe langsam bis zum Flaschenhals wandern kann. Ein aufwändiger Prozess, der mehrere Wochen dauern kann.

Auch als Ausbildungsbetrieb kann die Weinkellerei stolz auf sich sein. Seit 1983 sind aus dem Betrieb nicht nur zahlreiche Kammer- und Landessieger hervorgegangen, sondern auch drei erste Bundessieger. Das Weinfest, das die Familie alljährlich ausrichtet, hat Tradition: Drei Tage lang mit Ausschank, Livemusik und einer weiteren Spezialität des Hauses: die wandernde Weinprobe.

Seegers Weinstube im Blockhaus.

Urig und urgemütlich: Im kanadischen Blockhaus der Familie Seeger auf dem Hohbuch wird „der Besen" zur Erlebnisgastronomie mit Panoramablick. Ihre Weine wachsen auf den sonnenverwöhnten Hanglagen des „Abstatter Burgbergs". Dazu gibt's Schmackhaftes aus der eigenen Hofmetzgerei.

DER WEG ZUM BÜRGERPARK.

„Es ist unmöglich, den Augenblick zu leben. Man steht immer mit einem Bein in der Vergangenheit und mit einem anderen in der Zukunft." Diesen Satz des Naturwissenschaftlers und Dichters Jules Romains hatte man als Überschrift des Jahresrückblicks der Abstatter Ortsnachrichten auf das Jahr 2001 gewählt. Ein Satz, der sehr treffend gerade die beiden ersten Jahre des neuen Jahrtausends in Abstatt beschreibt: Mit einem Bein in der Vergangenheit, mit dem anderen in der Zukunft, begrüßte die Gemeinde die Zeitenwende, verabschiedete sich endgültig von dem Bauerndorf, in dem es noch am Anfang der 60er Jahre nur eine einzige geteerte Straße gegeben hatte. Die Hauptstraße.

Im März 2000 hatte die Robert Bosch GmbH eine Presserklärung herausgegeben, in der die Firma über eine Ansiedlung in der Gemeinde Abstatt mit seinem Forschungs- und Entwicklungszentrum im Gewann Hohbuch informierte. Auf 27 Hektar Fläche wollte man 2000 Arbeitsplätze schaffen und im Jahr 2003 die Arbeit aufnehmen. Ferner hieß es, dass man auf eine weitere zukunftsweisende Entwicklung der Niederlassung in Abstatt hoffe. Es sollte sich zeigen, dass sich diese Hoffnungen auf beiden Seiten nicht nur erfüllten, sondern übertroffen werden sollten. Nachdem der Ansiedlungsvertrag im Juli unterzeichnet worden war, begannen im September die umfangreichen Erschließungsarbeiten auf dem Hohbuch.

Wie viele Tonnen Erde mögen seither auf der Abstatter Gemarkung bewegt worden sein?

Auch das Jahr 2001 stand ganz im Zeichen der Erschließung mehrerer Baugebiete und Straßen in Abstatt und in Happenbach. Die Zufahrtsstraße zum Hohbuch wurde angelegt, die Erschließung der Baugebiete Wehräcker, Roßschinder und Apfelgarten vorangetrieben, das Feuerwehrhaus spielte in den Gemeinderatssitzungen eine wichtige Rolle, die zweite Phase der Sanierung der Ortsmitte wurde eingeleitet. Eine Fülle von Aufgaben, viele waren durch die Ansiedlung des Bosch-Konzerns entstanden.
Während Rathaus und Gemeindeverwaltung den Pflichtteil abarbeiteten, machte man sich zugleich und sogleich Gedanken über innerörtliche Entwicklung, Wohnqualität, Umwelt und beschloss Anfang 2001 einen Wettbewerb auszuschreiben, für die „landschaftpflegerische und grünordnerische Überplanung der Happenbach- und Schozachaue", den das Stuttgarter Büro Planung und Umwelt Dr. Koch gewann. Sieben Jahre lang arbeitete man sich Stück für Stück dem entgegen, was im Juli 2008 mit einer grandiosen Eröffnungsfeier besiegelt wurde. Langsam gewannen die Pläne Gestalt. Am Anfang war der Wunsch, die Ortsmitte aufzuwerten und besser nutzbar zu machen, indem man die durch die Schozach getrennten Ortsteile südlich und nördlich der Aue miteinander vernetzt. Am Ende stand der Bürgerpark.

Mit der Anlage des neuen Sportplatzes in den Kirschenwiesen, konnte der bisherige Sportplatz, der den Anforderungen einer modernen Sportanlage schon lange nicht mehr entsprach, stillgelegt werden. Im September 2006 wurde der neue Sportplatz in Betrieb genommen, bald darauf konnten die Ergebnisse der Zukunftswerkstatt ausgewertet werden. Damit war der Weg frei, für die Umsetzung der Pläne in einen Park für Jung und Alt.

Kater Peter Wangler, wohnhaft am Bürgerpark.

Abstatts Kinder verfolgen die Bautätigkeit. Sie waren von Anfang an in die Planung mit einbezogen worden. Hier beobachten sie, wie die Kleingärten entfernt werden, die später, an anderer Stelle wieder eingerichtet werden sollen.

„Kommt, wir bauen einen Park."

Eine Zukunftswerkstatt ist eine überaus kreative, lebendige Methode, um viele Menschen in einen Entscheidungsprozess einzubinden, Verantwortungsgefühl, Neugierde, Freude und Gemeinsinn zu wecken. Zukunftswerkstätten nutzen die kollektive Intelligenz, erkunden und bündeln die Phantasie vieler Menschen, fordern auf, sich zu identifizieren und ermuntern dazu, das Utopische zu denken.

Juni bis September 2007.

Sie eignen sich besonders für Menschen mit wenig Erfahrung in Prozessen kreativer Entscheidungsfindung. Kinder oder Jugendliche zum Beispiel. Eine Gemeinde, die ihre Bürger einbindet, in die Planung einer Einrichtung, die eben diesen Bürgern nutzen soll, ganz besonders Kindern und Jugendlichen, kann sicher gehen, dass sie nicht an den Menschen vorbei plant, nicht an der Zukunft vorbei baut.

September 2007.

Ein großer Teil der Gesamtkosten „verschwand" in der Erde. 28 000 Kubikmeter Erde wurden bewegt, inklusive des Erstellens und wieder Zurückbauens der Erdmieten.

Die Beteiligung an der Abstatter Zukunftswerkstatt war enorm. In sechs Gruppen aller Altersklassen wurden Wünsche und Ideen für den zukünftigen Bürgerpark gesammelt, auf Informationstafeln aufbereitet und im Zuge eines Bürgerforums präsentiert und von der Bevölkerung durch die Vergabe von Punkten bewertet. Und so kommt es, dass der Bürgerpark, auch nach der grandiosen Eröffnungswoche, ein Platz voller Leben ist. Jeden Tag. Morgens, mittags, abends.

Genutzt besonders von den kleinen und jungen Menschen mit noch wenig Erfahrung in Prozessen kreativer Entscheidungsfindung. Aber mit großer Annahmebereitschaft, Orte zu nutzen, die ihrer Kreativität, ihrem Bewegungsdrang, ihrem Kontakt- und Freundschaftsbedürfnis entgegen kommen.

Sie waren angesprochen worden und sie haben ihre Chance genutzt, sie wurden angehört und ernst genommen. Das Ergebnis spricht für sich: Der Bürgerpark lebt!

Die Fundamente für die Textile Architektur müssen gegossen und die Wasserrinne für die Bühne muss ausgeschachtet werden.

Hier wird das Kleinspielfeld angelegt und eingeschottert.

September 2007.

Im Winter waren die vorbereitenden Arbeiten so weit gediehen, dass es jetzt an die Gestaltung gehen konnte. Die erste Runde der Sandsteine für die Bühne ist gesetzt. Der Wasserspielplatz wird nun modelliert, und „die Brücke Nummer zwei" schwingt sich bereits über die Schozach. In ihrer Anmut, ihrer Farbe und in der Wahl ihrer Materialien wird sie mit der Zeltarchitektur korrespondieren.

Dezember 2007 bis Januar 2008.

Der „Seeberger Sandstein" ist ein wunderbar glatter, feiner, weicher Baustoff. Die Steine wurden fertig zugesägt geliefert. Jeder hatte seinen Platz und wurde vor Ort gerichtet und gesetzt.

Der Stahlbaum, der den Pavillon trägt, wird gesetzt.

Januar 2008.

„Die Brücke Nummer eins". Mit ihren zwei Toren erinnert sie an den Sportplatz, der sich hier einst befand.

Mai 2008.

*Auch der Bouleplatz ist fertig.
Jetzt fehlt nur noch das Gras.*

Nur mal angenommen...

... unser Heimkehrer war in Mathe nie ein Ass und hat sich damals mühsam mit einer Geradenochvier in diesem Fach durchs Herzog-Christoph-Gymnasium laviert. Seither hat er eine Art Störung. Eine Geometriephobie sozusagen. Er braucht nur das Wort Dreieck zu hören, prompt bekommt er einen Krampf im rechten Oberschenkel, und auch harmlose Wörter wie Zylinder oder Trapez lösen bei ihm unvorhergesehene körperliche Reaktionen aus. Gott sei Dank hat noch nie jemand in seiner Gegenwart quadratische Pyramidenstümpfe erwähnt. In einem solchen Fall würde ihm auch seine Notfallmedizin, eine ausgewogene Zusammenstellung von Chinin- und Magnesiumpräparaten, nicht mehr helfen können.

Angenommen, er wandert in den Bürgerpark, so um die Mittagszeit, um Yoga zu üben. Wegen seiner Phobie. Weil es nach Regen aussieht, rollt er seine Matte und auch sich selber auf der Bühne aus, atmet mit geschlossenen Augen zehn Mal tief ein und aus, um sich ein bissel zu zentrieren, öffnet die Augen wieder und schaut nach oben. Nicht ins Himmelszelt, sondern in den Zelthimmel.
Er findet ihn schön. Das wunderbar milde Weiß der Plane. Der kühne, weiche Schwung der Konstruktion. Harmonisch, anmutig und leicht. „Schwerelos geradezu", denkt er. Die Plane, straff genug gespannt, dass sie nicht durchhängt, aber ohne dass zu kräftiger Zug den Stoff belasten würde.
PVC-beschichtetes Polyestergewebe hat er sich sagen lassen. Witterungsbeständig und widerstandsfähig gegen UV-Strahlen. Ein schönes Material. Dick, glatt und schwer. Es duftet. Es ist elastisch und doch fest. Er hat den Stoff berührt, als die Konstruktion im Bau war und die Plane auf der Wiese lag.
Dann hat er zugeschaut, wie sie wie ein Segel an den Masten hochgezogen wurde. Ein wunderbarer Moment, an den erinnert er sich gerne. Etwa wie kurz vorm Start einer großen Reise. So, als wollte der Bürgerpark nun in See stechen.
Er mag auch die Nähte, die die einzelnen Teile der Plane zusammenhalten. Wunderbar solide, sorgfältige Handarbeit. „Ihre Bögen unterstreichen die Leichtigkeit der Konstruktion", stellt er fest.

Mai 2008.

Beginn einer großen Reise: Der Bürgerpark „sticht in See".

Inzwischen hat es angefangen zu regnen. Ein Vater und sein Sohn suchen unterm Zeltdach Schutz. Auch der Vater hebt den Blick zum Zelthimmel, betrachtet die perfekten Bögen der perfekten Nähte. „Geodätische Linien", sagt er beiläufig. „Was sind geodätische Linien?", fragt Junior, etwa elf Jahre alt. „Jede Naht fängt irgendwo an und hört irgendwo auf", erläutert der Vater und zeigt auf verschiedene Befestigungspunkte der Plane. „Und jede Naht wählt für ihren Weg, vom Anfangs- bis zum Endpunkt, die jeweils kürzeste Strecke über das geschwungene Dach. Das ist das Geheimnis ihrer Schönheit."

Dieses Mal bleibt der Krampf im rechten Oberschenkel aus. „Mathematik ist ja Poesie!", stellt unser Mann überrascht fest. „Jedenfalls in Abstatt." Und er denkt ein bisschen nach, über diese Bögen in gekrümmten Räumen. Und über die Linien, die er in seinem Leben bisher zog. Auch über den Weg, der ihn aus Abstatt heraus- und jetzt wieder zurückgeführt hat.

„Kann eine Linie geodätisch sein, wenn sie 15 Jahre gedauert hat?", fragt er den Vater. Der wiegt zweifelnd den Kopf. „Kommt sehr darauf an, wie stark der Raum sich krümmt", antwortet er vage. Wie weit Anfangs- und Endpunkt voneinander entfernt seien? Und ob sich die 15 Jahre vielleicht auch in Zentimetern ausdrücken lassen? „Anfangs- und Endpunkt liegen quasi übereinander", sagt unser Mann. „Punkt A und Punkt B heißen beide Abstatt. Dazwischen liegt Zeit."

„Auch Zeit kann eine Linie sein", gibt der Vater zu bedenken.

Unser Mann rollt die Yogamatte ein, verlässt den Park. „Das Leben, ein gekrümmter Raum", denkt er. „Voller Linien. Die Kurve der eigenen Biographie. Die Entwicklungslinie einer Gemeinde. Die von Abstatt ist doch sehr ebenmäßig, denkt er. Abstatt nimmt den kurzen Weg, eiert nicht 'rum, hält sich nicht auf, bewegt sich ökonomisch, rasch, zielstrebig. Ist ein Zielpunkt erreicht, wird gleich ein neuer definiert und überlegt, wie man ihn auf dem kürzestmöglichen Weg erreicht. Davon kann man was lernen."

Am Mülleimer hält er kurz an und entsorgt das Notfallschächtelchen. Er braucht es nicht mehr.

Mai 2008.

K.TA Kiefer Textile Architektur gestaltete die Textile Architektur und die beiden Brücken. Es war eines von vier Planungsbüros, die mit dem Bau des Bürgerparks beauftragt waren: die Architekten Mattes und Eppmann, das Büro Planung + Umwelt, das die Gesamtplanung innehatte und Rainer Kallenberger, der die Elektroplanung und Beleuchtung übernahm.

Wie ein weißer Flügel schwingt sich die Textile Architektur über Bühne und Tribüne. Eine filigrane Stahlkonstruktion, deren höchste Masten 16 Meter hoch sind, tragen das Zeltdach und bilden seine Form. Das Dach wird zudem durch Seile gehalten, die in Betonfundamenten, rund um die Bühne, verankert sind. Die Plane besteht aus PVC-beschichtetem Polyestergewebe. Es ist witterungsbeständig und widerstandsfähig gegen UV-Strahlen. Die einzelnen Planenteile sind durch Schweißnähte miteinander verbunden.

So sah es aus im Mai 2007 …

... und so im Juli 2008, ein Jahr später.

Die Idee einer „landschaftspflegerischen und grünordnerischen Überplanung der Happenbach- und Schozachaue" entstand 2001. Der anfängliche Wunsch, die Ortsmitte aufzuwerten und die durch die Schozach getrennten Ortsteile miteinander zu vernetzen, entwickelte sich zur Anlage eines Bürgerparks. Im Februar 2007 begannen die Bauarbeiten, im Juni 2008 waren sie abgeschlossen. Knapp sechs Hektar Fläche wurden in die Gestaltung mit einbezogen. Es entstanden Bereiche für Naherholung, Spielplätze für Kinder aller Altersgruppen, ein Bolzplatz, eine Skaterbahn, eine Veranstaltungsbühne mit Zuschauerreihen, überspannt von Textiler Architektur, eine Boulebahn, ein Pavillon für Veranstaltungen, Ausstellungen und Bewirtung und zwei neue Brücken. Die Gesamtkosten aller Baumaßnahmen beliefen sich auf 5,5 Millionen Euro.

NÄCHTLICHER ÜBERFALL DER ABSTATTER RÄLLINGE.

Roland Walter, Marco Walleth und Werner Härle vom Bauhof (von links nach rechts).

Warum und seit wann die Bewohner Abstatts Rällinge genannt werden, weiß man nicht. Eigentlich sind Rällinge doch Einzelgänger und gehören zur Gruppe der Raubtiere? Aber weder das eine noch das andere kann man den Abstattern nachsagen. Und dass sie sich fast ausschließlich von Fleisch ernähren und lebend gefangene Beute bevorzugen sollen, konnte ihnen bisher nicht nachgewiesen werden.

Sicher, gelegentlich hat man hier mal einen Kater. Aber das haben Bewohner anderer Orte doch auch? Nun, es heißt, dass sie die Angewohnheit hätten, nächtens vor den Fenstern ihrer Angebeteten zu singen. In Nachbargemeinden. Dass aus diesen Kritik an der künstlerischen Qualität der liebeskranken Gesänge laut wurde, hat ja, wie jeder weiß, maßgeblich zur Gründung der Musikschule Schozachtal beigetragen.

Da, wo keiner Genaues weiß, gibt es viel Raum für Spekulationen und eine Chance für Geschichten. Die Geschichte, wie die Abstatter zu ihrem Utznamen kamen, steht noch aus.
Wie es aber dazu kam, dass heute zahllose Rällinge, groß, bunt, unübersehbar durch Abstatts Straßen schnüren und schlendern, Fassaden hochklettern, durch Fensterscheiben gehen, als wären diese Luft, das weiß man genau. Das hängt nämlich mit Horst Schwarz zusammen.

Nur ein Katzensprung.

Im Wohnzimmer von Horst und Annelie Schwarz hängt ein Bild. Nein, das ist nicht ganz richtig. Im Wohnzimmer von Horst Schwarz hängen viele Bilder. Bilder von Horst Schwarz. Natürlich. Schließlich ist er ja Künstler. Aber eines zieht den Betrachter ganz besonders härs in Bann. Es zeigt eine schwarze Katze. Sie sitzt vor vielen offenen Türen. Diese Türen öffnen keine Zimmer, sondern einen weiten Raum. Die Ewigkeit möglicherweise. Und über die Leinwand hinweg zieht sich eine Spur, die Katzenpfoten hinterlassen haben. Die Katze, die Türen und die Ewigkeit hat Horst Schwarz gemalt. Die Pfotenspur nicht.
Mit dem Bild ist eine schöne Geschichte verbunden. Eine etwas traurige, aber so ist das mit schönen Geschichten; sie sind meistens etwas traurig. Diese hier erzählt vom Tod einer Katze namens Blacky, die, kurz bevor sie starb, eben über dieses Bild, über ihr Porträt gelaufen ist, mit schmutzigen Pfoten. Als ob sie geahnt hätte, dass sie bald sterben würde und sich selber verewigen wollte. Oder, als ob sie Lust gehabt hätte, das Bild, das sie immerhin selber darstellte, auch selber zu signieren. So, wie Hitchcock in seinen Filmen ja auch immer wieder, überraschend und kurz, selber erscheint. Cameo-Auftritt nennt man so etwas.
Die offenen Türen hat Horst Schwarz erst nach dem Tod seiner Katze in das Bild gemalt. Und davor sitzt sie, blickt noch einmal zurück. Und dem Betrachter, der den Blick auffängt, geht das Herz entzwei.

Ein gutes Bildzeichen überlebt die Zeit.

Als sie starb, vor 30 Jahren, rüstete man sich in Abstatt gerade zum Straßenfest. Man hatte es unter das Motto „Rälling" gestellt und Horst Schwarz gebeten, ein Plakat zu gestalten.
Man muss ihn sich mal ganz genau angucken, den Rälling von Horst Schwarz. Gezeichnet und geschnitten. Alles Handarbeit. Dreißig Jahre alt. Und er stimmt noch immer. Formen, auf ihre grafischen Grundelemente reduziert: Rechteck, Dreieck, Kreis. Auf zwei Farben beschränkt. Schlicht und einfach, klar und ausdrucksvoll. Lebendig und freundlich und mit einem roten Herz. So lud der Abstatter Rälling zum Straßenfest ein. Und zu allen, die folgen sollten. Und als das Emblem zum Aufkleber weiterentwickelt wurde, prangte das „Nur ein Katzensprung nach Abstatt" an den Heckscheiben vieler Autos, direkt neben „Atomkraft? Nein, danke!"

Und wenn sie nicht gestorben ist?

Die Katze ging, der Rälling kam. Inzwischen ist er das Wahrzeichen Abstatts, das Maskottchen. Ein kleiner Bruder des Wappenlöwen. Das Wappen wurde übrigens von Horst Schwarz überarbeitet. Von ihm stammen auch die Logos der Musikschule, des TGV und SC und weiterer Vereine Abstatts. Auch den Kauz vom Kaudenwaldspielplatz hat er entworfen. Und die beiden Wände in der sanierten Wildeckhalle, die Betonglasfenster in den Aussegnungshallen in Happenbach und Abstatt, das Bleiglasfenster im Rathaus, die Fassadengestaltung und der Brunnen des Vereinszentrums: überall stößt man auf seine Spuren. Seine künstlerische Handschrift hat den Ort geprägt.
Als Maler ist er überregional bekannt, mit Gruppen- und Einzelausstellungen im In- und Ausland, sogar im fernen St. Petersburg.

Bekennender Abstatter, freischaffender Künstler: Horst Schwarz, Jahrgang 1938, wohnt seit 1950 in Abstatt. Seine künstlerische Handschrift hat die Gemeinde geprägt.

Seit 1950 wohne ich in Abstatt, bin bekennender Abstatter, bin stolz auf meine Gemeinde und fühle mich in Abstatt zuhause.

Abstatt hat für seine Größe viel zu bieten, landschaftlich, sportlich, kulturell. Abstatt hat mit seinen Ausstellungen im Rathaus einen hohen Stellenwert in der Unterländer Kunstszene und mit dem neuen Bürgerpark viele Möglichkeiten der Freizeitgestaltung für Jung und Alt.

Man muss das vielfältige Angebot der Gemeinde nutzen und annehmen, denn man wohnt nicht in Abstatt, sondern man lebt in Abstatt.

Offene Türen.

Durch sie spazierte einst eine Katze hindurch, in neue, weite Räume. Aus denen schickt sie manchmal eine Idee. Die mit den bemalten Rällingen zum Beispiel. Eine Schnurre, die direkt im Kopf von Rüdiger Braun landete, als er, vor zwei Jahren, in Heidenheim auf der Landesgartenschau, Schäfchen zählte. Lebensgroße, buntbemalte Kunststoffschafe.

Das Bildzeichen von Horst Schwarz wurde zur Grundform des Rällings, der um eine dritte Dimension erweitert und auf zwei mal zwei Meter vergrößert wurde und bei einer Schweizer Firma namens Klarer in Serienproduktion ging. Viele Abstatter Firmen, Institutionen, Vereine und Privatpersonen nahmen das Angebot an, kauften einen Rälling, bemalten ihn oder ließen ihn bemalen. Und hielten dicht!

„Jede Katze war eine Geburt."

Da Vial lautet sein Künstler- und Daniel Vial sein bürgerlicher Name. Sowohl mütterlicher- als auch väterlicherseits stammt er von den Hugenotten ab und irgendwie sieht man das auch, nicht nur an seiner Baskenmütze. Er ist 39 Jahre alt, verlebte als Jüngster von neun Geschwistern in Weinsberg eine sehr glückliche Kindheit. Dort unterhält er auch, seit 19 Jahren, sein „Atelier der Künste". Der Katalog der künstlerischen und handwerklichen Angebote des Allround-Künstlers ist lang, reicht von Illusionsmalerei und Mosaiken über Marmorimitationen, Blattvergoldung, Bodypainting bis hin zur Porträt- und Freskenmalerei.

Neun der 39 Rällinge hat Da Vial gestaltet. Etwa acht Monate war er mit dem Projekt beschäftigt. „Jede Katze war eine Geburt", sagt er. „Man hat den Kunden besucht und die Vorstellungen abgeklärt. Pro Katze habe ich bis zu zehn Entwürfe gefertigt."

Auch die Umsetzung der Entwürfe war oftmals aufwändig. So stammt aus seiner Werkstatt auch die Feuerwehrkatze „Flory".

Für ihren Helm hat er 60 Schichten Karton zu einem Block aufgebaut und die Form mit einer Motorsäge herausgesägt. Diese wurde zunächst mit Metallgewebe und dann, mehrschichtig, mit Glasfasermatten überzogen. Vier Kilo Glasfaserspachtel, sechs Kilo Polyesterspachtel und fünf Liter Epoxidharz hat er verbraucht, um die Oberfläche des Helmes zu formen und zu glätten. „Am Ende wog der Helm etwa 25 Kilo", sagt er. Der Aufwand hat sich gelohnt: „Flory" ist der erklärte Publikumsliebling unter den Rällingen.

Gefällig auf eine originelle Art.

DON wohnt in Abstatt, und ihm ist es egal, ob man ihn als Künstler bezeichnet. Obwohl die meisten, die ihn und seine Werke kennen, ihn unbedingt als solchen betrachten, sieht er sich eher als eine Art Gestalter für den öffentlichen Raum. Jede Fassade, und sei sie noch so öde oder ein Massenprodukt, wie zum Beispiel eine Garage, wird unter seinen Händen zum wahren Hingucker, zum Kunstobjekt. DONs Fassaden können den Betrachter restlos begeistern.
Und wo andere eine Lichtwerbung installieren, macht er ein ganzes Haus zum Kunstwerk und somit Werbung durch Kunst. Die Architektur der Gebäude, die optische Gestaltung durch Farbe und Form und die Aussage zu einer Firma, einer Institution, geraten ihm zu perfekten Inszenierung in einer sehr individuellen und originellen Art. Einzigartig und auf den Kunden zugeschnitten.
Die Werbewirksamkeit derartiger Arbeiten erkennen viele Firmen. Was seinen zahlreichen Auftraggebern als Image pflegende Maßnahme dient, bedeutet DON eine Marktlücke, in der er sich etabliert hat und in der er sehr flexibel arbeiten kann.
Es ist ihm wichtig, dass er sich dort, wo er wohnt, auch engagiert. „Ich finde, das sollten alle machen", sagt er. In Abstatt hat er beim Kinderferienprogramm mitgewirkt und ist durch verschiedene Rällinge im Bürgerpark vertreten. Aus seiner Werkstatt stammen die Rällinge der Kreissparkasse, des Akku, des LandhausgARTens.

Bis nachts um zwei Uhr haben Mitarbeiter der Gemeinde die rund 30 Kilogramm schweren Rällinge aufgestellt. Sie bestehen aus glasfaserverstärktem Kunststoff.

Überraschung!!!

Im Keller des Rathauses und im Bauhof wurden die 38 gestalteten Rällinge heimlich gelagert, um, in der Nacht vor der Bürgerparkeröffnung, alle gemeinsam in die Freiheit entlassen zu werden.
Und so kam es, dass manchem Abstatter Bürger der 4. Juli 2008 für immer in Erinnerung bleiben wird. Das war der Tag, an dem ihn ernsthafte Zweifel an seiner Zurechnungsfähigkeit überfielen, morgens, als er Brötchen holen ging. Aber es war keine Wahnvorstellung, sondern eine spektakuläre Kunstaktion. Ein Eröffnungsgag. Eine gelungene Überraschung.

Seither sind sie als Sympathieträger unterwegs, die Rällinge, streichen im ganzen Ort herum. Lustig, listig, leise. Sie laden ein, zum Betrachten und Bewundern, zum Streicheln und Staunen, Schmunzeln und Schnurren. Bunte, selbstbewusste, unbekümmerte Nachfahren einer Katze, die vor 30 Jahren durch eine Reihe geöffneter Türen spazierte, hinein in einen fernen, weiten Raum, in dem vieles möglich zu sein scheint.

Der RATling wird enthüllt.

Die Rällinge: kleine Brüder des Wappenlöwen. Sympathieträger und Maskottchen Abstatts.

RATHAUS, GEMEINDERAT, VERWALTUNG.

„Wir gehen in Abstatt strategisch vor."
(Der Abstatter Gemeinderat.)

Verwaltung

Unser Ziel ist es, die Gemeinde lebenswert und liebenswert zu gestalten und zu erhalten. Dazu braucht man den Bürgermeister, die Verwaltung, Visionen und Geld. Man braucht ein gut funktionierendes Zusammenspiel von Gemeinderat und Verwaltung, um zu den bestmöglichen Beschlüssen zu kommen.

Wir haben einen Bürgermeister, der innovativ denkt und bereit ist, Visionen zu formulieren. Wir haben einen Gemeinderat, der strategisch mitdenkt. Wir haben eine Mannschaft im Rathaus, die das Gerüst einer modernen Verwaltung trägt und lenkt. Auch der Bauhof gehört dazu, es ist eine Freude zu sehen, wie er arbeitet. Und außerdem haben wir ein breit aufgestelltes Gewerbe und finanzielle Möglichkeiten, den Ort zu gestalten.

Unsere Spielräume, die Finanzen kreativ einzusetzen, sind größer geworden. Doch wir investieren und bauen nur dann, wenn wir auch die Mittel dazu haben. Wir haben seit 2001 keine Verschuldung mehr.

Gemeinderat

Die Grundlage aller Beschlüsse ist die Sorgfalt. Immer! Bei uns gibt es einen breiten Konsens. Kampfabstimmungen sind selten, bei wichtigen Entscheidungen kommen sie gar nicht vor.
Dieser Konsens ist eine Besonderheit.

Eine unserer wichtigen Maxime lautet: „Lasst uns unsere Hausaufgaben machen. Lasst uns unsere Zukunft diskutieren." Das geht nicht in Gemeinderatssitzungen, in denen man die Tagespunkte durcharbeiten muss. Deshalb gehen wir immer wieder ein Wochenende in Klausur und diskutieren. Über städtebauliche Aspekte, über Naturschutz. Wir ziehen Fachplaner zu Rate, wir schreiben Wettbewerbe aus.

Die Grundlage vieler unserer Entscheidungen wurde bereits vor Jahren gelegt. Und auch wir schaffen Voraussetzungen für Beschlüsse über die Legislaturperiode hinaus.

Als Gemeinderat muss man gerade stehen und glaubwürdig sein. Denn man befindet sich im Fokus und in der permanenten Diskussion mit den Bürgern. Deren Wohl ist unsere Aufgabe.

Im Januar 1959 trat die damals 22-jährige Verwaltungsangestellte Ingeburg Kroneck ihren Dienst im Abstatter Rathaus an, den sie 39 Jahre lang versehen sollte. Sie erinnert sich.

„Wir waren zu zweit. Herr Berret, der am ersten April 1958 als Inspektor kam, und ich. Da Herr Berret das Wahlalter für einen Bürgermeister noch nicht erreicht hatte, versah Ernst Bopp, damaliger Geschäftsführer der Volksbank, den Dienst des Bürgermeisters, bis Herr Berret im Oktober 1960 gewählt werden konnte. Herr Bopp war dann Gemeindepfleger.

Bei meinem Dienstantritt 1959 befanden sich die Räume des Rathauses im ersten Stock.
Mein Zimmer war dort, wo jetzt Frau Dollmann sitzt; Herr Berret hatte das jetzige Bürgermeisterzimmer von Herrn Braun. Anschließend kam das Notariat, und in der Ecke gab es noch das Zimmer der ehemaligen Handarbeitslehrerin Frau Kolbeck. Dann waren auf der Etage noch eine alte Küche und ein Plumpsklo.
Im Erdgeschoß befand sich rechts die Volksbank und im hinteren Zimmer wohnte eine Familie mit zwei Kindern. Links des damaligen Eingangs war der Sitzungssaal.

Mein Schreibtisch war ein überlanger Holztisch. Es gab nur eine mechanische Schreibmaschine. Das Telefon hing an der Wand. Ich musste immer aufstehen wenn es klingelte. Geheizt wurde damals mit einem Holzofen; er wurde von den Eheleuten Gotthilf und Lina Lang angefeuert. Es war jeden Morgen mollig warm. Frau Lang hat auch die Pietschbaumböden gewienert bis sie glänzten.

Weil Herr Berret als Bürgermeister auch Standesbeamter war und wir keine weiteren Räumlichkeiten hatten, wurde sein Zimmer zum Trauzimmer umfunktioniert. Der Schreibtisch musste abgeräumt werden, wir legten eine schöne grüne Decke auf und Frau Lang brachte zwei Blumensträuße aus ihrem Garten. Die ersten Paare, die Herr Berret damals getraut hat, feiern heute goldene Hochzeit.

Im Februar 1979 war dann die Stelle des Inspektors ausgeschrieben. Neben anderen hat sich Herr Braun beworben. Er kam mit einem Ordner, in

dem alle Zeugnisse und sonstige Unterlagen einzeln in einer Folie abgeheftet waren. Das hat Herrn Berret sehr beeindruckt. Immer wieder nahm er den Ordner mit den Folien und sagte: „In dem kann man blättern!" Herr Braun wurde dann auch eingestellt.

„Im Jahre 1988 hat sich Herr Berret dann nicht mehr zur Wahl gestellt und so wurde Herr Braun der neue Bürgermeister. Und ich war immer noch da. Herr Braun wechselte vom Zimmer links nach rechts – und ich saß immer noch in der Mitte. Dies waren 39 unvergessliche Jahre mit zwei Bürgermeistern beziehungsweise drei mit Herrn Bopp."

Mit dem Umbau und der Erweiterung des Rathauses begann im Jahr 1995 die Umgestaltung der Ortsmitte. 2008 bezogen die Volksbank und das Café ihre neuen Räumlichkeiten.

Nur das kleine Backhaus und die Stephanuskirche erinnern noch an frühere Zeiten.

Schutz vor 100-jährlichem Hochwasser.

Der Zweckverband Hochwasserschutz Schozachtal wurde 2002 gegründet und besteht aus acht Gemeinden und Städten im Einzugsgebiet der Schozach. Die Geschäftsführung und den Verbandsvorsitz hat die Gemeinde Abstatt.

Das Hochwasserrückhaltebecken Abstatt wurde im April 2008 eingeweiht, als Teil eines Beckensystems innerhalb des Hochwasserschutzkonzepts und als erster wichtiger Schritt bei dessen Umsetzung. Es wird auf ganzheitliche Hochwasserschutzstrategie gesetzt, die neben dem technischen Schutz auch Hochwasserflächenmanagement und -vorsorge vorsieht. So darf zum Beispiel gesetzlich in Überschwemmungsgebieten nicht mehr gebaut werden. Die Hochwasserschutzvorhaben an der Schozach werden Zug um Zug fortgeführt. Die Maßnahmenreihe sieht den Bau von acht Rückhaltebecken vor, wobei es sich um Trockenbecken ohne Dauerstau handelt. Die Inbetriebnahme des Rückhaltebeckens Happenbach steht unmittelbar bevor.

Mai 2007. *September 2007.*

Oktober 2007. *Juli 2008.*

„Gemarkungsbegehung" mit schwerem Gerät. Die „Easy Rider" vom Rathaus.

Heiko Bleibdrey — *Rüdiger Braun*

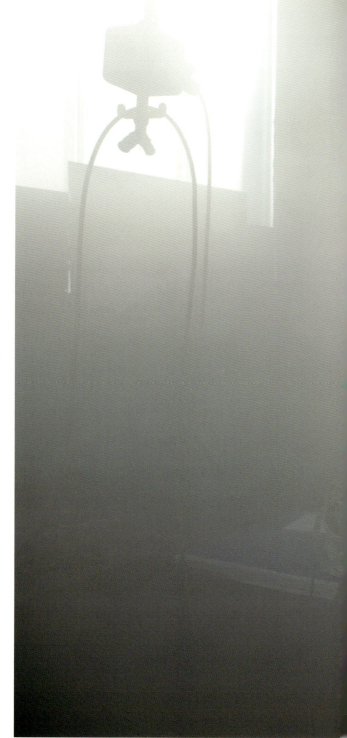

Retten,
Löschen,
Bergen,
Schützen.

Wer einen Blick in die Einsatzbeschreibung der Abstatter Feuerwehr wirft, der wundert sich, was innerhalb eines Jahres so alles passieren kann. Da platzt der Hydraulikschlauch eines LKWs, da brennen Küchen, Stromverteiler, Dachstühle. Da tobt ein Sturm durch das Tal der Schozach und dann kippen Gerüste um und Kanäle überfluten. Manchmal verwandeln Ölspuren Straßen in gefährliche Rutschbahnen, geraten Tiere in Not, schrillen Brandmeldeanlagen der großen Firmen Alarm.
Dann rücken sie aus, die Männer und Frauen von der Feuerwehr und versuchen, Gefahr für Mensch und Tier abzuwenden. Dabei übernehmen sie zunehmend Aufgaben, die über die traditionelle Brandbekämpfung hinausgehen, oftmals unter dem Einsatz ihrer Gesundheit oder gar ihres Lebens. „Und es sind alles Freiwillige", sagt der Feuerwehrkommandant Gunther Leontiev. 30 bis 35 Einsätze fahren sie pro Jahr, und vielleicht kann man von Glück sagen, dass es sich bei vielen Meldungen um Fehlalarm handelt? Und dass man lange keinen Großbrand und keinen schweren Verkehrsunfall mehr verzeichnen musste.

Feuerwehrkommandant Gunther Leontiev.

Bereitstellung, Ausrüstung und Unterhalt der Feuerwehr gehören zu den Pflichten einer Gemeinde und bilden einen der größten Haushaltsposten. Da sich die beiden Autobahn-Anschlussstellen nicht auf der Gemarkung befinden, muss die FF Abstatt normalerweise zu Autobahn-Verkehrsunfällen nicht ausrücken. Diese Aufgabe obliegt den Kameraden aus Ilsfeld und Untergruppenbach.

Das Wachstum der Gemeinde, vor allem im gewerblichen Sektor und durch die Bosch-Ansiedlung, hat die Abstatter Feuerwehr vor andere Herausforderungen gestellt. Das Bosch-Zentrum verfügt zwar über eine betriebseigene Feuerwehr, im Ernstfall jedoch ist die FF Abstatt für den Brandschutz und die technische Hilfeleistung verantwortlich.
Die Aufrüstung der Gerätschaften und die Intensivierung und Spezialisierung der Ausbildung wurden unumgänglich und die weitere Unterbringung der Feuerwehr im Rathaus unmöglich.
So beschloss man die Errichtung, wie im Bedarfsplan von 1998 schon festgelegt, eines neuen Feuerwehrhauses und die Zusammenlegung der beiden Feuerwehr-Abteilungen Abstatt und Happenbach.

Weithin sichtbar, der Turm des schmucken Feuerwehrgebäudes, das 2005 eingeweiht wurde, im Rauheck optimal gelegen und für die Feuerwehrleute aus beiden Ortsteilen gut erreichbar. Das lang gestreckte, an den Hang gebaute Gebäude mit seinem Pultdach ist ein Beispiel dafür, das ein funktionaler Bau architektonisch durchaus reizvoll sein kann. Transparente Metall- und Glasarchitektur bestimmen die Schulungsräume, geschickt wurde der Geländeanstieg in die Gestaltung des Gebäudes mit einbezogen. Waschhalle, Werkstätten, Umkleideräume, Einsatzzentrale, Bereitschafts- und Jugendraum – alles ist großzügig bemessen, technisch auf dem neuesten Stand, durchdacht angelegt und überaus ästhetisch gestaltet.

Es bietet natürlich auch Platz für Unterbringung und Wartung der insgesamt sieben Lösch- und Mannschaftsfahrzeuge. Und auch für das Hätschelkind der FF: ein Oldtimer aus dem Jahre 1958. Und für die Schulungen und Zusammenkünfte der zwölfköpfigen Jugendfeuerwehr und der 84 aktiven Feuerwehrleute, unter ihnen etliche Mitglieder des Bauhofs und der Gemeindeverwaltung.

Mit und an dem Turm üben die Feuerwehrleute zum Beispiel das Anleitern, das Schlauchverlegen in Treppenhäusern. Zwei weitere Gebäude Abstatts symbolisieren sich durch einen Turm: Das Rathaus und die Stephanuskirche. Sowohl der Chef der weltlichen, als auch der, der evangelischen Gemeinde begreifen ihre amtlichen Aufgaben des Schützens und Dienens auch praktisch und haben sich in den Dienst der Feuerwehr gestellt. Beide haben eine Grundausbildung absolviert, Funker gelernt. Beide bekleiden sie den Rang des Hauptmanns. Beide sind im Ernstfall dabei. Rüdiger Braun als Funker in der Zentrale. Ralph Hermann als Notfallseelsorger. Nicht nur Unfallopfern, auch den Feuerwehrleuten steht der Pfarrer im Ernstfall zur Seite. „Es kann sein, dass es wichtig ist, dass jemand da ist", sagt er. „Dass jemand etwas sagt. Oder dass man schweigt."

ABSTATTER GEWERBEBETRIEBE.

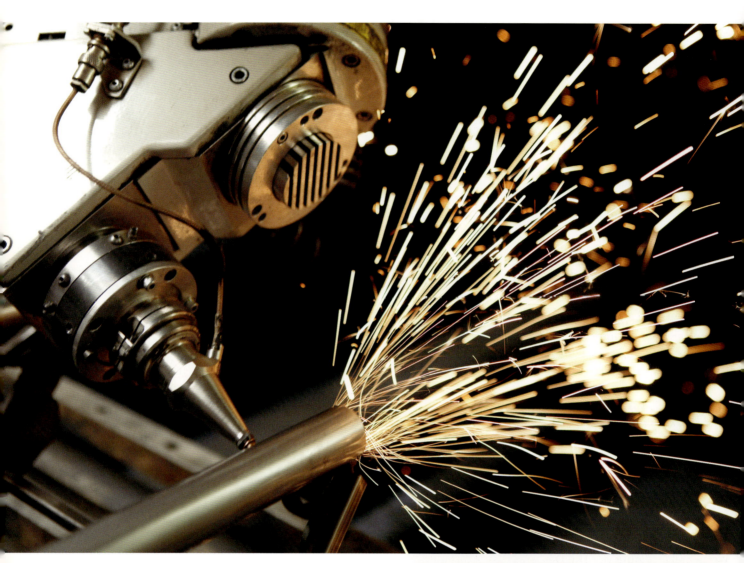

Laserschneiden im Raum und in der Ebene.

BBM: Laserschneiden im Raum und in der Ebene.

Was eigentlich ist das genau? Laser? Wenn man versucht, sich diesbezüglich ein bisschen kundig zu machen, bei Google zum Beispiel, erfährt man, dass sich das Wort Laser aus den Anfangsbuchstaben mehrerer englischer Wörter zusammensetzt: „Light Amplification by Stimulated Emission of Radiation". Wörtlich übersetzt heißt das: „Lichtverstärkung durch stimulierte Emission von Strahlung". Und da steht man dann da, als armer Tor und ist so klug als wie zuvor.

Vielleicht muss man sich mit dem, was man ungefähr darüber weiß, zufrieden geben? Ein stark fokussiertes, energiereiches Strahlenbündel aus Licht, mit dem man unter anderem verschiedene Materialien schneiden kann.
„Im Prinzip ist es eine Art Brenn- oder Schmelzschneiden", sagt der Ingenieur André Brandes, Geschäftsführer der BBM Laseranwendungstechnik GmbH. Er hat das Unternehmen 1994 gegründet. Vor 10 Jahren zog der Betrieb von Asperg nach Abstatt, wo eine große Halle im Deboldsacker errichtet wurde.

Derzeit beschäftigt er gemeinsam mit seiner Frau Ria, ebenfalls eine studierte Maschinenbauerin, zehn Mitarbeiter. Weitere fünf arbeiten an einem zweiten Standort in Thüringen, den sie inzwischen aufbauten. Qualifiziertes Personal zu finden, ist eine der Hauptschwierigkeiten in diesem speziellen Gewerbe.

Am Bildschirm bereitet André Brandes die CAD-Daten für die Erstellung der NC-Programme für die Werkstückfertigung vor. Die Daten werden an die Maschinen übergeben, die je nach Arbeitsaufgabe mit Genauigkeiten bis auf den 100stel Millimeter arbeiten können. Das gehört zum Angebotskatalog von BBM: Laserschneiden im Raum und in der Ebene. Die Halle ist mit den modernsten Maschinen ausgestattet, die es auf diesem Sektor gibt; die neueste erinnert entfernt an eine Behandlungskabine beim Zahnarzt, mit einem riesigen Bohrer, der sich wie von Geisterhand bewegt.

Insgesamt sind es acht Maschinen, unterschiedlich groß und für unterschiedliche Aufgaben bestimmt. Auch zum Formen der ausgeschnittenen Platinen, die bei BBM häufig noch gekantet, geprägt, gepresst oder geschweißt und zu Fertigteilen zusammen montiert werden.

In großen Regalen lagern Beispiele der Produktion. Motorlamellen zum Beispiel. Kotflügel für Traktoren. Die Seitenwände für den Porsche Targa. Herdteile für Bosch und Siemens Hausgeräte. Jede Vorlage, die hier erstellt wurde, ist sorgfältig dokumentiert, um die Daten bei einer Neubestellung des Kunden abrufen und rasch und exakt reagieren zu können.

Die Fertigung kleinerer Serien und die Erstellung von Prototypen sind die Hauptaufgabenbereiche von BBM. Die Kundschaft ist anspruchsvoll, verlangt hohe Flexibilität und Schnelligkeit. Für BBM bedeutet das, ein umfangreiches Materiallager bereitzustellen und eine Maschinen- und Personalkapazität, die nicht immer voll, manchmal bis an die Grenzen und manchmal auch darüber hinaus ausgelastet ist. „Mit den Auftragsschwankungen müssen wir halt leben", sagt André Brandes.

Berberich – oder die Liebe zum Papier.

Papier ist ein Stück Kulturgeschichte, ein Medium zum Transport und zur Bewahrung von Informationen und Wissen seit der Antike. Papier ist unser selbstverständlicher Begleiter. Ob als Akte oder Aquarell, Urkunde oder Banknote, Zeitung oder Briefumschlag, Plakat oder Computerausdruck, Bestseller oder Bibel. Papier ist etwas, wofür man sich begeistern kann. Seine Oberfläche, seine Stärke, sein Duft. Papier hat Charakter und seine eigene, unauffällige, feine Ästhetik.
Die Liebe zum und der Handel mit dem Papier vereinen sich im Unternehmen Carl Berberich GmbH.

Die Auflistung der Daten der Firmengeschichte liest sich wie das Gerüst eines spannenden Romans, einer Familiensaga, vor dem Hintergrund der Industrialisierung Württembergs. Auch dabei spielt das Papier eine besondere Rolle, denn Heilbronn, mit seinen zahlreichen Papiermaschinenfabrikanten und Papierherstellern, hatte sich im 19. Jahrhundert den Ruf „Papierstadt" erworben. Auch Namen wie Gebrüder Rauch und Schaeuffelen sind damit verknüpft. Man kann sich nur wünschen, irgendwann die ganze Geschichte mit all den Schicksalen, die mit ihr verbunden sind, lesen zu können. Ausführlich erzählt. Gedruckt auf Berberich Papier.

Mit der Gründung einer Papier- und Schreibwarenhandlung in der Heilbronner Dammstraße, im Jahr 1863, beginnt die Geschichte der Firma Carl Berberich, ein Unternehmen, das sich schnell ausdehnt. 13 Jahre später baut der junge Sohn des Unternehmers eine Filiale in Mailand auf, zu Beginn des 20. Jahrhunderts werden in Stuttgart, Köln und München weitere Geschäftsstellen gegründet.
Im Zweiten Weltkrieg jedoch werden die Niederlassungen in Köln und Stuttgart zerstört. Auch das Lager und die Fabrikationshallen in Heilbronn fallen den Bomben zum Opfer, beim großen Luftangriff im Dezember 1944. Dabei kommt auch ein Gesellschafter ums Leben. Ein Jahr darauf wird auch die Niederlassung in Mailand von der italienischen Regierung beschlagnahmt und aufgelöst.
Es zeugt wohl von erstaunlicher Widerstandskraft und Willensstärke, dass Carl Berberich bereits kurz nach Kriegsende, noch im Mai 1945, mit dem Wiederaufbau der Firma begann.

Heute gehört die Firma Berberich zu den maßgeblichen Unternehmen im Papiergroßhandel, ist bundesweit und auch in Österreich mit neun Niederlassungen vertreten und hat sich des weiteren einen Namen als Hersteller von Organisationsmittel wie Ringbücher und Ordner gemacht. In der Abstatter Niederlassung befindet sich das Zentrallager des Unternehmens. Sie entstand 1970 und wurde erst kürzlich um ein Hochregallager erweitert.

Das Bosch Entwicklungs- und Technologiezentrum auf dem Hohbuch.

Paradigmenwechsel zur Jahrtausendwende. Die Ansiedlung eines Forschungs- und Entwicklungszentrums des Weltkonzerns Robert Bosch Gr

...nderte in Abstatt die Sichtweise, das Denken und die Möglichkeiten.

Weithin sichtbar und in unmittelbarer Nähe dreier Burgen: Den hauseigenen Architekten gelang die Herausforderung, ein komplexes Zentrum unauffällig in die Umgebung einzugliedern. Landschaft, Natur und moderne, zweckmäßige Architektur kommunizieren auf dem Hohbuch in einträchtiger Weise.

„Hier wird entwickelt. Hier ist Vertrieb. Hier ist Marketing", sagt Martin Windhab. Als „Facility Manager" ist er Leiter der Infrastrukturdienste am Bosch Standort in Abstatt, der 2004 bezogen wurde.

Derzeit arbeiten fast 2800 Mitarbeiterinnen und Mitarbeiter in den vier Gebäuden des Standortes, die neben den Geschäftsbereichen „Chassis Systems Brakes" und „Chassis Systems Control" auch die Bosch-Tochter „BEG" (Bosch Engineering GmbH) beherbergen.

Es ist das Automobil, das „oben auf dem Berg" im Mittelpunkt steht. Es werden Brems-, Bremsregel- sowie Fahrdynamiksysteme entwickelt, die helfen, dass ein Fahrzeug auch in kritischen Situationen sicher auf der Strasse bleibt und sich kontrolliert steuern und bremsen lässt. Dabei hilft zum Beispiel das elektronische Stabilitätsprogramm ESP, eine Bosch-Erfindung. Geschickt platzierte Sensoren erkennen eine drohende Instabilität; ESP greift ein, wirkt auf jedes Rad einzeln ein und verhindert auf diese Weise wirksam, dass das Auto ins Schleudern kommt. „Wir retten Leben", so eine wichtige Botschaft, die auch schon die Jüngsten unter den Besuchern verstehen.

Aber auch der Fahrspaß kommt nicht zu kurz. Der Bosch Ingenieurdienstleister BEG wendet sich vor allem an Fahrzeughersteller, die kleinere, exklusive Autoserien bauen und bietet maßgeschneiderte Lösungen für ihre Elektroniksysteme an. Der Bedarf ist groß; aus den anfangs 13 Mitarbeitern, mit denen die Bosch Engineering 1999 gegründet wurde, sind mittlerweile über 1000 geworden.
Nun wurde beschlossen, dem Komplex auf dem Hohbuch ein fünftes Gebäude hinzuzufügen. Wenn es 2010 fertig gestellt sein wird, bietet es Raum für etwa 800 weitere Arbeitsplätze. Für die nächsten 10 Jahre sollte das reichen.

Hauptsächlich Ingenieurinnen und Ingenieure sind es, die hier arbeiten. Elektrotechnik-Ingenieure, Maschinenbau-Ingenieure, Software-Ingenieure, aber auch Absolventen der neuartigen Studiengänge „Automotive Systems Engineering" oder „Mechatronik und Mikrosystemtechnik", viele davon aus den Hochschulen der

beschäftigt, als Praktikanten, Praxisstudenten, Diplomanden, Ferienbeschäftigte vertiefen sie ihre Ausbildung oder verdienen sich nebenbei etwas Geld.

Kundenorientierung, Zuverlässigkeit, Kostenbewusstsein lauten einige der Maximen des weltweit führenden Automobilzulieferers. Ein Großunternehmen, das als weitere Schwerpunkte Heim- und Handwerker mit hochwertigen Elektrowerkzeugen ausstattet, und in der Sparte „Gebäudetechnik" neben energiesparenden Heizungssystemen auch High-Tech-Sicherheits- und Brandmeldesysteme anbietet. Die Tochter „Industrietechnik" stattet unter anderem große Windräder mit Getrieben aus. Im Jahr 2007 konnte Bosch einen Umsatz von 46,3 Milliarden Euro verzeichnen und beschäftigt allein in der Bundesrepublik 112 000 Mitarbeiter.
„Man kann stolz darauf sein, bei Bosch zu arbeiten", sagt Martin Windhab.

Die verkehrsgünstige Lage und die Nähe zum Bosch-Prüfzentrum in Boxberg waren mit ausschlaggebend für die Ansiedelung der Robert Bosch GmbH in Abstatt. Aber schließlich waren es die Vertreter der Gemeindeverwaltung und des Landratsamts, die das Vertrauen des Unternehmens gewannen. Bosch entschied sich für Abstatt und Abstatt entschied sich für Bosch, weil die Chemie zwischen den Vertragspartnern stimmte. Verlässlich und belastbar gestalten sie seither ihre Partnerschaft. „Wir sind eine Schicksalsgemeinschaft. Wir sind darauf angewiesen, miteinander auszukommen", sagt Martin Windhab.

Facility Manager Martin Windhab.

Region. Immerhin 17% der Belegschaft sind weiblich; für ein Entwicklungs- und Technologiezentrum ist das viel.

Auch um den Nachwuchs kümmert man sich: Neben den klassischen Ausbildungsberufen „Mechatronik" und „Elektronik für Geräte und Systeme" wird auch Neues ausprobiert. Gemeinsam mit der nahe gelegenen Hochschule Heilbronn erhalten junge Leute in einem „Kooperativen Modell" eine hochwertige Mechatroniker-Ausbildung, in die sich ein Studium einfügt; „so ergänzen sich praktische und theoretische Inhalte auf innovative Art" erläutert Dr. Monika Aldinger, Personalleiterin bei Bosch. Und nicht zu vergessen: Mehr als 100 Studierende aus unterschiedlichen Fachrichtungen sind regelmäßig hier

Werteorientierter Umgang mit den Ressourcen: Mittels Wärmepumpe (ähnlich dem Funktionsprinzip eines Kühlschranks) werden jährlich über 6 Millionen Kilowattstunden Heizwärme genutzt, damit wird die entsprechende Menge Erdgas eingespart. Gleichzeitig, sozusagen als Abfallprodukt, werden 4 Millionen Kilowattstunden Kälte produziert, die für die Kühlung von Laborräumen und Prüfständen benötigt wird. Das ganzheitliche Planungs- und Betriebskonzept erspart der Natur eine CO_2-Menge von rund 4000 Tonnen; dies entspricht einer Schlange von rund 1,8 Kilometern aus 40-Tonner LKWs.

Fußböden aus „flüssigem Stein".

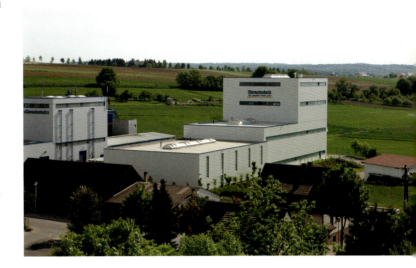

Rollschuhbahnen, Flugzeughallen, Tiefgaragen und Industriebetriebe haben etwas gemeinsam: Alle brauchen sie einen Bodenbelag, der wasserfest, dauerhaft und hoch belastbar sein muss. Einen Fußboden, der keine Risse bekommt, der nicht brennbar und außerdem umweltgerecht ist.

Genau das ist die Spezialität der Firma Chemotechnik. Ein Fachbetrieb, der 1957 gegründet wurde und seit 1964 in Abstatt ansässig ist. Hier werden Chemiebaustoffe für Fußböden hergestellt, die thermischen, mechanischen und chemischen Belastungen, zum Beispiel in Werkstätten, Labors, Parkhäusern und Kliniken standhalten können. Die zudem auch ästhetischen Ansprüchen gerecht werden, und in Museen, Schulen und Ausstellungsräumen eingesetzt werden oder sogar in großen Fernsehstudios.

Deutsche Lufthansa, Mercedes, VW, Siemens, Dunlop, Linde – das sind nur einige der vielen illustren Namen auf der Liste der Kunden, die die Firma Chemotechnik mit ihren Fußboden-Produkten überzeugt hat, sei es bei Neubauprojekten oder Sanierungen.

„Ein Formulierbetrieb", sagt der Geschäftsführer Martin Schnepf und erläutert an einem Beispiel, was man sich darunter vorstellen kann: Verschiedene Zutaten werden hier zusammengemischt, wie bei einer Backmischung für Omas Topfkuchen. An einem Topfkuchen von Chemotechnik allerdings, würde sich die Oma ihre Zähne, soweit noch vorhanden, ausbeißen.

Denn schließlich sind es Mischungen für hochfeste Betone, mineralische Estriche und Beläge, die hier entwickelt, hergestellt und vertrieben werden. Fix und fertig gemischt werden sie an den Handwerker geliefert, der nur noch Wasser hinzufügen muss, um sie verarbeitungsfähig zu machen.

75 Mitarbeiter sind bei Chemotechnik in der Beilsteiner Straße beschäftigt, davon 15 als Systemberater im Außendienst. Darauf setzt die Firma: Auf hervorragend geschulte Mitarbeiter und auf intensive Kommunikation mit industriellen Kunden, Handwerksbetrieben, Architekten und Planern.

Im Jahr 2002 wurde Chemotechnik in die Liste der „Top 100" innovativsten Unternehmen in Deutschland aufgenommen: Als ein beispielhafter Betrieb für den innovativen Mittelstand.

Bei IsoBouw werden Luftschlösser gebaut.

Polystyrol, ein sehr feines, sehr weißes Granulat auf Erdölbasis, ist der Grundstoff mit dem bei IsoBouw gearbeitet wird. Es ist ein wunderbares Gefühl, die Hände in eine dieser großen Tonnen zu stecken, die hier angeliefert werden, voll mit diesen winzigen Kügelchen. Das Granulat wird aufgeschäumt, mit Wasserdampf, man kann sich das etwa wie die Herstellung von Popcorn vorstellen. Das Polystyrol, das sich dabei um das bis zu 50-fache aufbläht, wird nun, noch ganz klebrig, in eine Maschine geleitet, die ein bisschen an einen überdimensionalen Backofen erinnert. Der öffnet nach drei Minuten seine große Tür und die fertigen Schaumstoffblöcke schieben sich heraus: beeindruckend groß: über 4 Meter hoch, 1,60 Meter breit und 1 Meter tief.

Sie erinnern, obwohl sie eckig sind und nicht rund, an Pfeiler oder Säulen. Noch in einem weiteren Punkt kann man die Styroporblöcke und die Säulen miteinander vergleichen. Beide sind Bauelemente. Mit den einen baute man früher. Mit den anderen baut man heute. In einem Punkt allerdings unterscheiden sie sich grundsätzlich: Pfeiler bestehen aus Holz, Metall oder Marmor, die EPS-Blöcke hingegen zu 98 Prozent aus Luft. EPS, das heißt: expandierter Polystyrolhartschaum.

Wie riesige Sandwichs, oder besser, helle Cremewaffeln, sehen die SIPS (Stuctural Insulated Panel System)-Elemente aus, die hier entwickelt wurden. Sie sind so einfach, wie genial: Eine z. B. 16,4 Zentimeter dicke Styropor-Schicht, beidseitig mit einer Holzfaserplatte fest verklammert und verklebt. Damit kann man nicht nur alle Arten von Dächern und Dachböden bauen, sanieren, dämmen. Mit diesen Elementen werden ganze Häuser gebaut. Häuser, deren Rohbau, weil aus vorgefertigten, selbsttragenden Bauteilen, innerhalb einer Woche steht, deren Konzeption dennoch ganz individuell ist. Sie sind schallgedämmt, sie müssen nicht austrocknen, sie gewährleisten ein gutes Raumklima und helfen, die Energiekosten zu minimieren.

Nach einem Besuch bei IsoBouw denkt man plötzlich ganz neu über Styropor nach, genauer gesagt: Polystyrolpartikelschaum. 98 Prozent Luft. Luft, mit der man Häuser bauen kann.

„Wir sind ein Label."

Hartmann und Heckmann. Der eine ist gelernter Heilerziehungspfleger, der andere Verwaltungsfachmann. Zwei Musik-Freaks, die sich seit Ewigkeiten kennen. „Irgendwann machen wir mal was zusammen", hatten sie sich immer vorgenommen, sich gegenseitig versprochen. Und irgendwann haben sie das auch verwirklicht.

Schallplattenfirma sagt heute kein Mensch mehr. Heute heißt es Label. Oder Plattenlabel. Und dass es in Abstatt so etwas gibt, das weiß hier kaum jemand. Versteckt liegt die Firma mit dem martialischen Namen Massacre Records in der Rauheckstraße und vermittelt, in jeder Beziehung, einen gewissen alternativen Charme.
Zu den so genannten „Big Four" gehört es nicht, also zu den Major Labels, die unter sich 75 Prozent des Markts aufteilen: Universal, EMI, Sony, Warner.

„Massacre Records", 1991 von Torsten Hartmann gegründet, ist ein Independent Label. Die Genres, die hier verlegt werden, folgen keinem Mainstream und finden nur selten den Weg in die Charts. Massacre Records bedient einen Nischenmarkt, ebenso die Tochter des Unternehmens, das Label Blue Rose.

Blue Rose wird von Edgar Heckmann betrieben. Es konzentriert sich auf das Singer/Songwriter-Genre und auf Alternative Country und Roots Rock. So werden zum Beispiel David Knopfler, Kris Kristofferson, Elliott Murphy und Rickie Lee Jones von Blue Rose vertreten.

Massacre Records hingegen, gemanagt von Torsten Hartmann, macht die härteren Sachen: Hard Rock und Heavy Metal. Und die Gruppen, die hier unter Vertrag sind, haben so schwarz-poetische Namen wie „Graveworm", „Legion of the Damned" oder „Nachtgeschrei".

Die meisten Musiker, die von „Massacre Records" und „Blue Rose" in Deutschland, beziehungsweise Europa vertreten und betreut werden, kommen aus den USA. Der angeschlossene Musikverlag Sylvian Music Publishing sorgt unter anderem dafür, dass die Künstler ihre Tantiemen aus der Rechteverwertung ihrer Werke bekommen.

Ein weiteres Standbein der Firma ist der Einzelhandelsversand Metal Merchant, der weltweit ca. 20.000 Endkunden mit harter Musik versorgt.

„Früher hat man unsere CDs in Plattenläden kaufen können", sagt Edgar Heckmann. „Aber die Plattenläden sterben mehr und mehr aus. Deshalb wird der Vertrieb von Tonträgern über das Internet immer wichtiger." Die Web-Site von Metal Merchant ist ein internatonaler Treffpunkt für Sammler und Fans des Genres. „Wir bekommen Bestellungen aus der ganzen Welt."

Doch das Internet hat zwei Gesichter. Einerseits eine globale und bequeme Abwicklung des Vertriebs. Andererseits der bedenken- und kostenlose Download künstlerischer Produkte. „Die Internet-Piraterie hat unserer Branche enorme Einbußen gebracht", sagt Torsten Hartmann.

Derzeit beschäftigt Massacre Records zehn Mitarbeiter, zuzüglich einiger Aushilfskräfte: „Das soziale Miteinander ist für uns als kleine Firma sehr wichtig, denn nur motivierte und gut gelaunte Mitarbeiter sorgen für Erfolg." Das merkt auch der Besucher sofort: Hier arbeitet ein gutes Team!

Steeb – nichts, was man anfassen kann.

„Ich frage mich, was machen Sie hier eigentlich?" Das ist ein Satz, den die Mitarbeiter der Firma Steeb in der Heilbronner Straße immer wieder hören. „Sagen Sie, was wird hier hergestellt? Was wird denn hier gelagert?" „Wir haben nichts zu lagern", heißt es dann. „Was hier hergestellt wird, kann man nicht anfassen. Wir machen Software."

1974 wurde die Firma in Heilbronn von Helmut Steeb gegründet, um sich der mittelständischen Industrie anzubieten: zur Beratung, Organisation und Programmierung von kaufmännischen EDV-Anwendungen. Seither liefert Steeb Softwarelösungen für alle merkantilen Arbeitsgebiete, zum Beispiel für das Rechnungs- und Personalwesen, für die Lagerhaltung und Auftragsabwicklung, für die Kundendateien.
1978 bezog Steeb das Bürogebäude in Abstatt, das seither mehrfach erweitert wurde, mit dem stetigen Wachstum der Firma, die deutschlandweit tätig ist und vier weitere Geschäftsstellen in Hamburg, München, Düsseldorf und Bensheim unterhält.

Seit 1991 ist Steeb eine hundertprozentige Tochter der großen SAP AG aus Walldorf. SAP, das steht für Systeme, Anwendungen und Produkte in der Datenverarbeitung. Und für Europas führenden Software-Hersteller, den viertgrößten weltweit. Innerhalb der SAP-Gemeinschaft konzentriert sich Steeb auf die mittelständischen Betriebe.
Die Margarete Steiff GmbH, der Blutspendedienst des Deutschen Roten Kreuzes, Köllnflocken, der Hersteller der Scout-Schulranzen Alfred Sternjakob: Beispiele aus der langen Liste der Industriebetriebe, Großhändler und Dienstleister, die sich für das Know-how und den Service aus Abstatt entschieden haben und bei der Unternehmenssoftware auf Steeb vertrauen. Entweder von der Stange oder, falls es ihre speziellen Bedürfnisse erforderten, maßgeschneidert.

Derzeit beschäftigt die Firma 240 Mitarbeiter, 100 davon arbeiten in Abstatt. Vornehmlich Wirtschaftsinformatiker, Betriebswirte und Ingenieure. Die Gesamtjahresumsätze, die von der Firma Steeb erwirtschaftet werden sind erstaunlich und schreiben eine ganz eigene Erfolgsgeschichte. Im Jahr 2007 zum Beispiel waren es 66,9 Millionen Euro.

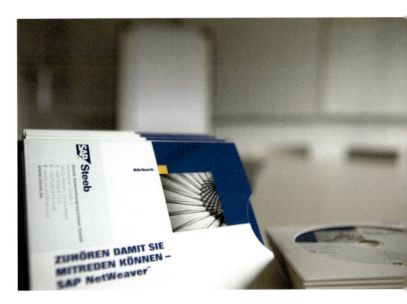

Unkauf.

Der gute Geruch von Motoröl. Rufe, die über den Hof schallen. Männer in blauen, fleckigen Overalls. Das Geräusch von Metall, das von Metall bearbeitet wird. Das schwere Tuckern eines Dieselmotors. Und eine Atmosphäre, die einen unversehens in die Kindheit zurück versetzt.

„Ein Pflug arbeitet heute noch genauso, wie vor 30 Jahren", bestätigt Reiner Unkauf. „Wenn er kaputt ist, muss man ihn dengeln und ausrichten. Wie vor 30 Jahren. Der Landmaschinenmechaniker ist einer der wenigen noch wirklich handwerklichen Berufe. Ein schmutziger Beruf. Da braucht man sich nichts vorzumachen. Dauernd die Hände in Öl. Schwarze Fingernägel. Aber der Landmaschinenmechaniker ist einer, der noch alles können muss. Ein interessanter Beruf."

Im Büro der Firma Unkauf hängt, geschützt durch einen Bilderrahmen, ein Brief. Er wurde durch die Deutsche Reichspost zugestellt und ist auf den 13. Juli 1942 datiert. Der Absender, die Landmaschinenfabrik Hans Amos, wendet sich mit dem Schreiben an den Soldaten Eugen Unkauf, Feldpostnummer 12358, und die Betreffzeile lautet „Karrenpflug".
„Wir kommen zurück auf Ihr Schreiben vom 21. v. Monats", heißt es in dem Brief. „Und wir teilen Ihnen mit, dass wir in Pflügen ganz außerordentlich schlecht etwas hereinbekommen, da die Lieferungsschwierigkeiten ganz außerordentlich groß sind."

Ein Zeugnis einer Zeit, die Pflugscharen zu Schwertern schmiedete. Und das Zeugnis der Bemühungen eines Unternehmers, der noch von der Front aus das Geschick seines Landmaschinenhandels nebst Reparaturwerkstatt zu lenken versuchte. „So gut es eben ging", sagt Reiner Unkauf. Er leitet in der dritten Generation den Betrieb, den sein Großvater Eugen im Jahr 1934 an der Happenbacher Hauptstraße eröffnet hat. Die Werkstatt lag im Untergeschoss. „Darüber hatte meine Oma einen Tante-Emma-Laden."
Jetzt befindet sich die Firma Unkauf in der Alten Untergruppenbacher Straße in Happenbach und beschäftigt im Verkauf, im Service und in der Werkstatt 18 Mitarbeiter. Auch Rolf Unkauf, Jahrgang 1934, ist noch immer aktiv dabei. Schweres Gerät, was hier verkauft und repariert wird: Baumaschinen, Maschinen für Landwirtschaft und Weinbau, Kommunalgeräte. Also Traktoren, Salzstreuer, Laubschneider und, für die Feld- und Wiesenbearbeitung, Mulcher, Eggen und Pflüge. Und als geeignetes Gerät zur Saatbeetbereitung empfiehlt sich ein Grubber mit dem schönen Namen Sturmvogel.

„ABSTATT FEIERT" –
Ein Traum ist in Erfüllung gegangen.

Freitag, der 04. Juli 2008, früher Abend: Alles hat sich fein gemacht. Das Wetter. Die Menschen. Viele Menschen. Die Rällinge. Der Park. Das Gras war tatsächlich so freundlich, rechtzeitig auszutreiben und bedeckt die Anlage mit grüner Frische.

Viel Besuch auch von auswärts. Und alle kamen, die am Gedeihen des Bürgerparks mitwirkten: die Baufirmen, der Gemeinderat, die Architekten und Planer, die Jungs vom Bauhof, das Team vom Rathaus, die Sponsoren. Sie nehmen das freudestrahlende „Dankeschön!" vom Bürgermeister entgegen und überbringen ihm, ebenso freudestrahlend, ihre Glückwünsche. Man stellt fest, dass der Herr Braun doch immer wieder für eine Überraschung gut sei: „Mal kommt er mit Bosch. Mal mit einer neuen Ortsmitte. Dann wieder mit einem Bürgerpark."
Menschen, die aus anderen Gemeinden anreisten, staunen und finden, dass in Abstatt schier Unglaubliches geleistet worden sei: „Nicht zu fassen, wie hier gearbeitet wurde!" Die Presse notiert, fotografiert. Es heißt, auch das Fernsehen sei dabei. Irgendjemand hält dem Bürgermeister ein Mikrofon ins Gesicht: „Herr Braun, wie geht es Ihnen heute Abend?"
Eine schöne Dame mit Schmetterlingsflügeln weht beinah davon, eine andere Dame, ebenso schön, spaziert auf Stelzen einher und spielt dabei Saxophon. Trommler trommeln sich die Seele aus dem Leib.

Und dann schneidet Rüdiger Braun das rotgelb gestreifte Plastikband durch und erklärt den Bürgerpark Abstatt für eröffnet. „Eine symbolische Geste", heißt es am nächsten Tag in der Zeitung. „Ein großer Moment", sagen die, die ihn erlebten.

Phantastisches Varieté am Eröffnungsabend.

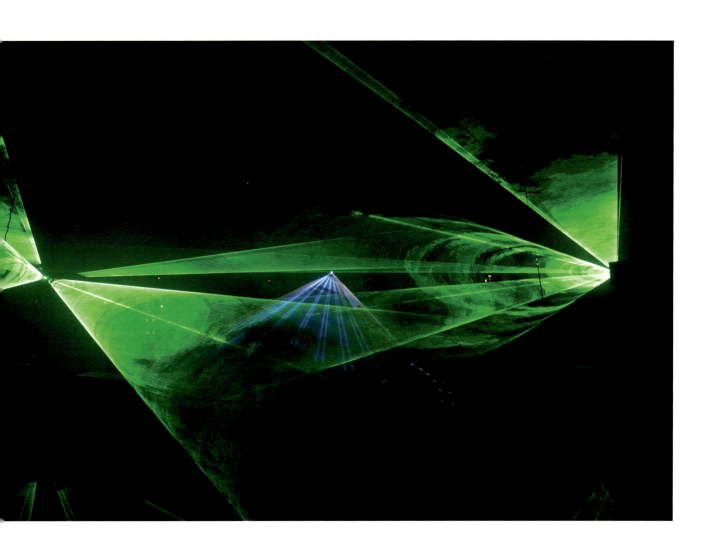

Sinnenfroh und spektakulär, ästhetisch und voll Poesie. Ein schwelgerisches Fest für Auge und Ohr.

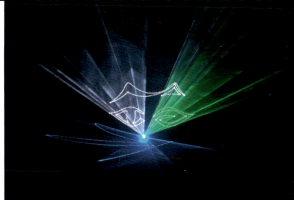

Erster großer Auftritt auch der Textilen Architektur.

Ein Serenadenkonzert im Park im Jubiläumsjahr des Posaunenchors der Evangelisch-methodistischen Kirche Happenbach.

Die Kinder erobern sich ihren Park.

Besondere Höhepunkte des Festprogramms waren Auftritte von Showgrößen wie „Hot Chocolate" oder Heinz Rudolph Kunze, die ein großes Publikum anlockten. Viele Künstler bedankten sich bei der Gemeinde und besonders bei Dorothee Ritter für den unermüdlichen Einsatz und für die perfekte Betreuung und Organisation. So lautet eine E-Mail:

Dorothee Ritter.

„Hi Dorothee, Thanks so much for last night's show in Abstatt – we really had a great time and all the conditions were perfect. See you next time!
All the best, Elliott Murphy"

„Über sieben Brücken musst du gehen, sieben dunkle Jahre überstehen, sieben Mal wirst du die Asche sein, aber dann darfst du auch mal in Abstatt sein."

(Heinz Rudolph Kunze und Purple Schulz.)

„*Abstatt boscht*".

Oliver Schwarz, Leiter der TGV-Abteilung Rälling-Bühne.

Die Rälling-Bühne spielt: „Eine Bank im Park".

Mit einer opulenten Modenschau, organisiert vom Friseursalon Walter, geht ein großes Fest zu Ende. Eine Reihe bunter Tage mit bunten Programmen. Gestaltet von Abstatter Vereinen, Firmen und Institutionen. Gut besucht und gut angenommen. Jeder der zehn Tage hatte sein eigenes Motto und seine eigene Atmosphäre.

Nach dem Fest.

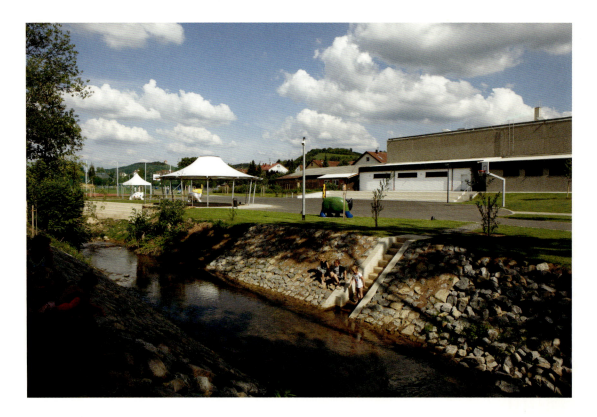

Das Fest ist zu Ende. Das Buch auch. Das Leben im Bürgerpark aber fängt jetzt erst so richtig an. Es hat sich bereits gezeigt: Die Abstatter haben den Bürgerpark angenommen. Besonders die Jungen. Tag für Tag ist er belebt. Und so wird jede kommende Generation das Gelände und seine vielen Möglichkeiten neu für sich entdecken, wird es nutzen, gestalten, verändern, wird hier spielen, tanzen, Ruhe genießen, Erholung schöpfen, Gemeinschaft pflegen, lernen und sich weiterentwickeln.

Irgendwann wird eine dichte Hecke den Zaun verbergen. Irgendwann werden die jungen Bäume ein schützendes Laubdach gespannt haben. Kaum einer wird dann noch daran denken, dass die Entscheidung für diesen Park einmal eine Frage des Mutes war, dass der Plan viele Jahre reifen musste, dass es viel Geld gekostet hat, ihn zu bauen. Aber immer wird er etwas ganz Besonderes sein. Ein Ort auch, an dem Generationen zusammenfinden. Und die Älteren werden sich freuen, über die selbstverständliche Inbesitznahme des Parks durch die Jüngeren. Sie werden das bunte Treiben beobachten und genießen und dabei denken: „Abstatt lebt!"

Dankeschön!

Eigentlich ist Abstatt ein kleiner Ort. Dennoch: Derzeit leben hier 4516 Einwohner, sind hier 480 Betriebe angemeldet und knapp 50 Vereine registriert. Zu viel, als dass es möglich wäre, jeden vorzustellen und zu würdigen. Der Bildband „Abstatt lebt" muss sich auf einen beispielhaften Querschnitt, eine exemplarische Darstellung beschränken. Dabei blieben viele unerwähnt, die hätten erwähnt werden müssen, blieb manches unbeachtet, was es verdient hätte, näher betrachtet zu werden. Dafür bitten wir um Verständnis.

In der Zeit, da wir in Abstatt unterwegs waren, haben sich uns viele Türen geöffnet, haben uns viele Menschen freundlich empfangen, die mit großer Geduld unsere zahllosen Fragen beantworteten. Sie versorgten uns mit Informationen, gewährten uns Einblicke in das Leben in Abstatt, waren uns bei der Entstehung der Fotos und der Texte unentbehrlich.

Dafür möchten wir uns bedanken. Ebenso für die vielen Liter Apfelsaftschorle, zu denen wir dabei eingeladen wurden, für den Kaffee, heiß und stark, für das Mineralwasser, still oder bewegt, für die vielen Brezeln, die vielen Süßstückle.

Ein Dank auch an die Autoren der Abstatter Chronik, die uns bei unseren Recherchen von unschätzbarem Wert war. An die Mitarbeiter im Rathaus, an die Mitglieder des Gemeinderats, die uns allesamt, immer liebenswürdig und fachkundig, zur Seite standen.

Ein Dank für die Zeit, die uns Abstatt schenkte, für das Vertrauen, für das freundliche, aufgeschlossene Miteinander. Dadurch wurde die Arbeit an diesem Buch zu einer ganz besonderen und wertvollen Erfahrung. Dabei entstanden Bindungen, die erhalten bleiben, über den Tag hinaus.
„Abstatt lebt"!

Für diese Lebendigkeit bedanken sich
Claudia Fy   Ulrike Maushake   Götz Schwarzkopf

Impressum

1. Auflage Oktober 2008

Herausgeber
Gemeindeverwaltung 74232 Abstatt

Fotografie und Bildbearbeitung
Claudia Fy
www.shamaly.de

Text
Ulrike Maushake

Gestaltung
Götz Schwarzkopf
www.face-design.de

Lektorat
Roland Schwegler

Druckvorstufe und Herstellung
Wachter GmbH
www.wachter.de

Papier
Larius matt Satin, Berberich Papier
BERBERICH PAPIER
www.berberich.de

Schrifttype
Berthold Walbaum und Helvetica

© SHAMALY Fotografie & Verlag e.K.

ISBN 978-3-9811219-2-6

Alle Rechte vorbehalten. Der ganze oder teilweise Abdruck und die elektronische oder mechanische Vervielfältigung gleich welcher Art, sind nicht erlaubt. Alle Rechte für die Fotos liegen bei Claudia Fy und müssen dort direkt eingeholt werden.

Zu beziehen über die Gemeinde Abstatt
www.abstatt.de

Die Fotografin

Claudia Fy, *1967 in Brackenheim geboren, begann nach der Ausbildung zur Fotografin, im Jahr 1991, ihre freiberufliche Tätigkeit. Seit 2002 veröffentlichte sie mehrere Bildbände, so über das Zabergäu und den Nordheimer Blumensommer. Ihr Bildband über Sri Lanka erschien in ihrem eigenen Verlag Shamaly, den sie 2006 gründete.*

Sie gestaltete auch die Wanderausstellung „Vinophile Fotoimpressionen", die entlang der Württemberger Weinstrasse gezeigt wurde.

Ihren Themen nähert sich Claudia Fy stets mit besonderer Sensibilität und Lebendigkeit. Mit einer sehr eigenen Handschrift und einer ganz speziellen Poesie berührt sie mit ihren Fotografien den Betrachter.

Die Autorin

Ulrike Maushake, *1956 in Braunlage im Harz geboren, studierte, nach einer Lehre im Buchhandel, Germanistik, Romanistik und Kunstgeschichte in Hannover und in Stuttgart. Als freie Journalistin arbeitet sie für verschiedene Zeitungen und Verlage.*

Sie ist Mitarbeiterin im Museum Charlotte Zander und Dozentin für Kreatives Schreiben, hält Vorträge und Seminare zu literarischen Themen, gestaltet literarisch-musikalische Programme und begleitet Gruppenreisen mit literarischem Schwerpunkt.

Ulrike Maushake lebt mit ihrer Familie in Neckarsulm.

Der Gestalter

Götz Schwarzkopf, *1968 in Heilbronn geboren, ist Diplom-Designer. Er studierte an der Fachhochschule für Gestaltung in Mannheim und entdeckte bei Hagen Kaiser, Wolf Magin und Hans Rudolf Bosshard seine Liebe zu Typografie und Gestaltung.*

Nach sieben Jahren als Mitarbeiter in Agenturen in Frankfurt und Stuttgart, in den Bereichen Corporate Design, Unternehmenskommunikation und -präsentation, gründete er 2000 das Gestaltungsatelier face design.

Götz Schwarzkopf wohnt, arbeitet und musiziert mit seiner Frau und seinen drei Kindern in Kirchheim am Neckar.

Sandsteinfigur von Kurt Kleis.

Nur mal angenommen …

… nun ist es soweit und unser Mann muss Abstatt wieder verlassen. Er will aber nicht. Er sitzt im Hotel Hiller auf seinem gepackten Koffer und spürt sehr deutlich, dass er bleiben will. Für immer! Warum eigentlich nicht?, fragt er sich. In Abstatt kann man Freunde finden. So richtig gute. Das hat er schnell gemerkt. Er könnte sich ein IsoBouw'sches Lufthaus bauen. Im Roßschinder. Außerdem hätte er gerne eine Katze. Am liebsten eine ganz bunte. Und einen Bullen. Damit Abstatt wieder einen Gemeindebullen hat. Er wird mal mit Karl Eberle darüber reden. Außerdem könnte er eine NABU-Ortsgruppe aufbauen. Eines der wenigen Dinge, die Abstatt nicht hat. Bis auf den Metzger natürlich. Aber das stört ihn nicht; er ist Vegetarier. Er wird dem Akku beitreten und bei der VHS diesen Kurs gegen Kieferverspannungen und Zähneknirschen belegen. Er wird sich in der Mediathek den neuen Mankell ausleihen und ihn auf einer Bank im Bürgerpark lesen. Das wird ein schönes Leben. Eine Arbeit wird er schon finden. Bosch baut an. Da wird er morgen gleich mal vorsprechen. Abstatt ist eine Gemeinde mit Zukunft, sagt er sich. Und dort, wo eine Gemeinde Zukunft hat, haben auch Menschen Zukunft und dürfen Vertrauen haben ins Leben. „Ich bleibe", sagt er sich. Er packt seinen Koffer wieder aus und fühlt sich plötzlich sehr leicht.